NOS

certeza do agora

juliano garcia pessanha

11 **apresentação**

13 **província da escritura**

25 **heterotanatografia: esse-menino-aí**

59 **dezesseis aforismos**

67 **natalidade e crise do tempo antropológico**

83 *ser e tempo*: **um livro gnóstico?**

99 **posfácio da tetralogia**

*À minha mãe,
que me deu o essencial: solidão e exílio.*

Onde eu ontem dormi é hoje dia de descanso.
Em frente da porta estão empilhadas as cadeiras e nenhuma
das pessoas a quem pergunto por mim me viu.
— THOMAS BERNHARD

São horas talvez de eu fazer o único esforço de eu olhar
para a minha vida. Vejo-me no meio de um deserto
imenso. Digo do que ontem literariamente fui, procuro
explicar a mim próprio como cheguei aqui.
— FERNANDO PESSOA

apresentação

No Brasil, as várias ondas de recepção da obra de Heidegger foram acadêmicas e surfaram de modo escolástico a conceitografia e o jargão do filósofo. Neste livro, a recepção é mais radical, pois efetua praticamente as exigências de transformação de si e da relação com a linguagem propostas pelo pensador. O texto inicial, "Província da escritura", celebra a palavra visitante que eclode do homem destituído de defesas. Já o capítulo seguinte, "Heterotanatografia: esse-menino-aí", transcreve a experiência de estranhamento do mundo do garoto Gombro. Essa "história" do menino que chega sem chegar e aporta num lugar com o qual não se identifica é a espinha dorsal do livro. Após a terceira parte, composta por dezesseis aforismos, o quarto e o quinto capítulos oferecem exegeses diferentes do que aconteceu com Gombro. Se o quarto texto, "Natalidade e crise do tempo antropológico", composto na época da primeira publicação do livro, em 2002, aposta numa leitura histórico-epocal do estranhamento do mundo ao vincular dominação tecnológica e supressão da intimidade, o texto seguinte desfaz esse vínculo. Escrito vinte e um anos depois e acrescentado ao livro para esta edição, "*Ser e tempo*: um livro gnóstico?" ensaia a ideia de que crianças rasgadas pela dor, crianças kafkanizadas e gnósticas, são seres arremessados ao mundo sem as devidas imunizações iniciais ofertadas pelo cuidado. E mesmo no mundo acelerado e hipermobilizado da modernidade tecnológica, crianças catastrofadas como Gombro são minoria. O sexto capítulo, intitulado "O trem, o entre e o *paradiso* terrestre", encerra a obra situando-a no interior de uma tetralogia.

O livro *Certeza do agora* apareceu pela primeira vez em 2002, publicado pela Ateliê Editorial. Em 2015 ele foi republicado com outros três livros em um volume único intitulado *Testemunho transiente* pela editora Cosac Naify, mas dois meses após sua publicação a editora fechou as portas. Em seguida, ele foi doado pela Cosac à Sesi-SP Editora, que publicou uma tiragem em 2018, mas que também encerrou suas atividades com livros não didáticos. O convite de Simone Paulino, da Editora Nós, para republicá-lo separadamente foi auspicioso, pois me permitiu, com a ajuda da poeta Michaela Schmaedel, corrigir alguns erros, enxugar excessos e aparar as arestas de algumas passagens. Além disso, acrescentei alguns aforismos-poéticos inéditos e o texto "*Ser e tempo*: um livro gnóstico?", que não constava nas edições anteriores.

Desnecessário dizer que Gombro é o codinome para a transcrição da experiência do autor – prefiro transcrição ao termo ficção –, em homenagem ao inspirador Witold Gombrowicz.

São Paulo, julho de 2023.

província da escritura

Vivo como o cuco no relógio
não invejo os pássaros no bosque.
Esta missão me foi dada e eu canto.
Sabe, destino semelhante,
só a um inimigo poderia desejá-lo.
— ANNA AKHMÁTOVA

A vida de um homem é o instante onde o mundo, em vão, se ilumina. A pedra, a lua e o rosto do outro não seriam comemorados e celebrados se o breve trânsito de nossa aparição não contasse com a língua e com a palavra. Também os gestos ou a dança, e a pintura, igualmente celebram, mas é na palavra das línguas que o mundo deixa de ser mudo e pode tocar a aparição. Se o homem deixar de existir e apenas o lagarto ou outro animal grunhir para a lua, então ela será menos lua e algum deus criador que acaso insista em sua incansável persistência terá de reconhecer que sua obra não é mais devidamente celebrada e ele, com seu imenso narcisismo trabalhista, teria de se suicidar. Celebrar é estar exposto e atingido pelas coisas a ponto de, ao dizê-las, guardar-lhes a vibração, comemorá-las. Estar atingido também pela proximidade do rosto do outro é enxergá-lo a partir do aberto, não sendo o aberto mais do que o lugar de uma aparição intrinsecamente frágil, de uma aparição-desaparição. Mas o homem não gosta de estar exposto; ele é alérgico ao lugar. E, enquanto alérgico, converteu-se num animal blindado e, quando alguém aponta para o céu (como um personagem de Bernhard) e diz: "Veja, ali está aberto, vejam, está aberto; a palavra a-ber-to está redigida no firmamento", então, já não se percebe o que isso quer dizer, pois o homem blindado gosta de viver no fechado e de medir a palmo. O homem blindado expulsou a hospedagem: não está aberto à visitação dos afetos ou da palavra. O blindado móvel em design estético é o homem moderno e ele é o ápice de um fechamento que o encerra inteiramente em si mesmo e sobre si mesmo, e já não há espaço para a visitação do afeto ou para o jorro da língua, mas apenas para vivências autofabricadas e autoafetadas. Vivências e expressões vitais desencadeiam-se por toda parte inteiramente criadas, regradas e submetidas ao controle do sujeito que as cria. O mesmo se dá com as palavras, pois delas também se diz que são artefatos humanos, de tal maneira que tanto o homem converteu-se em artefato humano quanto o enigma que nos instaura também converteu-se em artefato humano. Estamos, portanto, no miolo de uma tautologia insípida e estéril, pois em toda parte ouvimos dizer o mesmo e ouvimos dizer que tudo é obra e constructo humanos de tal maneira que superamos, já há muito, o narcisismo obreiro da própria divindade. Já o trazemos em nosso umbigo-artefato, que em tudo difere do umbigo da terra e do umbigo da nossa orfandade irrespondível. Por toda parte o homem tornou-se um teatro hiperconstruído e, quer vamos a um congresso dito psicanalítico, quer a um congresso dito filosófico, escutamos que a angústia é um constructo do homem e que a palavra é um constructo do homem, e que basta trocar de metáforas que construiremos um novo constructo-homem e, logo, logo já ouvimos dizer que também a morte é um constructo do homem, pois ela já foi equacionada em termos biotecnológicos. E foi por ter nascido no meio dessa tautologia insípida e por ter me horrorizado bem no cerne dessa tautologia do espelhismo blindado que me refugiei na província da escritura enquanto província de uma espera e de um pressentimento. Eu vivi, portanto, apenas de diário e no diário, e isso não foi de minha escolha nem de minha vontade, pois vontade é uma coisa tísica que diz respeito ao registro do sorvete, e escolhas, aquelas que contam, foram feitas quando tínhamos os olhos vendados, quando ainda não tínhamos palavra nem sabíamos o que escolher significava. Eu era então uma criança e essa criança gostava de rasgar a boca das primas, puxá-la de um lado e do outro até dilacerar. Fazia o mesmo com o tio do bigode, com o bigode do tio. Puxava um para cada lado. O tio do bigode era um homem movido a notícias, um homem abastecido por notícias e um tio que morava inteiramente na terra das notícias. Eu puxava o seu bigode, um para cada lado, até ele gritar. Eu levei trinta anos para entender esses gestos, para saber qual o sopro que me carregava. Eu levei aproximadamente trinta anos para me amigar da criança exacerbada, da criança enlouquecida e me apropriar do segredo da escrita: dilacerar o homem, reconduzi-lo ao lugar, ao lugar onde jorrou o primeiro rosto contra a noite da ausência. Dilacerar o homem é, portanto, celebrá-lo e reconduzi-lo ao que lhe é próprio, ao acontecimento anterior às construções. Por isso, quem escreve enquanto escrevo é a criança exacerbada que rasgava a boca das primas e eu escrevo a reboque da criança precisamente porque ela não é um constructo, ela não é obra de ficção ou de artifício. Não se trata mais de autossuperação nietzschiana, mas de descida até a pobreza e a indigência para dentro do elemento da alteridade que nos fundou. Contra toda invenção, um bocado de confiança naquilo que é, pois aquilo que é emerge na terra da destituição e a destituição vale o ouro, pois ela aponta na direção do confiável. O homem blindado, entretanto, já não confia em mais nada, nem na vida nem na morte, e quando acontece de vida ou morte visitá-lo, ele diz estar sofrendo da síndrome do pânico e busca então uma focinheira química com o psiquiatra. Ali no consultório eles conversam muito, mas aquelas palavras-de-serviço já não celebram acontecimento algum a não ser o negócio da administração da vida. E foi por ter nascido num tempo assim, repleto de palavras mortas, num tempo já sem nenhuma herança ou tradição cultural, pois herança e tradição cultural são pequenas dicas para que o homem transite e atravesse o aberto, dicas que sussurram desde cedo – isto é ter corpo, isto é comer, isto é morrer –, dicas que surgem como respostas furadas à orfandade irrespondível, dicas que eu, enquanto nascido no auge da modernidade mais moderna, não cheguei a escutar, pois as palavras por mim escutadas diziam apenas acerca de um subir na vida, de um arranjar profissão e de um tornar-se, logo, logo uma figura, sobretudo uma figura luzente e interessante, destinada ao consumo das coisas e dos outros, pois é um vencedor bem-sucedido quem consome mais lugares e mais pessoas, numa busca desenfreada e vertiginosa de intensificação e de hiperbolização do vivido e, tendo eu próprio escutado essas palavras e tendo me parecido que essas palavras eram na verdade destinadas mais a cupins e a formigas que se nutrissem sistematicamente de uns e de outros, busquei a terra da escritura e da palavra heterodoxa enquanto terra de uma retaguarda e de uma espera. Foi apenas porque eu sofri na terra das figuras, na terra do homem-diploma e do homem-doutor, na terra da mulher-charme e do homem-mulher interessante e sensível, bem como na da mulher eficaz e profissional que eu, não tendo encontrado aí eco ou ressonância alguma e lugar algum de descanso e acolhimento, dirigi-me aos diários a fim de não ser triturado pela ofuscação gelada dos homens blindados. Vale dizer que eu já, desde pequenininho, encontrei-me em contradição e numa situação completamente assimétrica em relação aos lugares e pessoas que encontrei e, aos dezenove anos, enquanto andava de madrugada pelo meu bairro, um bairro infinitamente triste, com uma bicicleta azul do tipo Caloi em minhas costas, e eu gostava de levá-la nas costas até que os aros e as catracas me ferissem e eu então começava a simular o ato de pedir carona e, diante do fato de que ninguém parava, eu formulei, pela primeira vez, uma equação que ainda permanece válida, a saber, que um homem com história, um homem protegido pela sacrossanta identidade, é como um camarada que tem carro e sabe de onde vem e quer ir para algum lugar e nunca se desvia nem dá carona a ninguém. E eu pensei, então, numa palavra intrinsecamente apocalíptica e visceral, uma palavra que sabotasse essa imensa corporação de egoístas a fim de abrir as brechas por onde passaria o milagre do evento, e essa palavra era então uma palavra-e-uma-língua-de-ladrão-de-carros, uma palavra que desmaterializasse o longo parêntese de ilusão para onde os homens se enfiam na busca do abrigo e do torpor, e essa era uma palavra em mim congênita e absolvida de qualquer esforço, pois eu já estava habituado a olhar os homens em seus carros sempre a partir do pé e da bicicleta. E foi junto da mesma bicicleta azul, durante uma incursão desolada e repleta de pressentimento pelos bairros de Vila Gomes e Rio Pequeno, que eu, ao cruzar uma pequena ponte, uma quase pinguela, notei que ela estava esburacada e cheia de rachaduras, e que os homens-carro a atravessavam rapidamente sem olhar para o chão esburacado e eles a cruzavam como se estivessem numa avenida, e então, nessa noite, compreendi que homem quer dizer Esquecimento. E eu compreendi, então, aquilo que a língua árabe já tinha compreendido havia muito tempo, a saber, que a palavra homem quer dizer Esquecimento e que a palavra da escritura é a palavra que despenca. A palavra despencada é a palavra reminiscente, pois nela o homem dá testemunho do surto-susto de sua aparição e nela ele se aninha no lugar do assombro. A língua da escritura é a língua da palavra despencada e a palavra despencada desdiz a palavra industrializada, a palavra cultivada e a palavra prostituída. Não há negociação alguma nem mútua cooptação entre a palavra normalizada e a palavra que desabou. Trata-se da mesma relação não dialetizável que Anna Akhmátova descobriu entre o cuco e os pássaros da floresta. Enquanto os passarinhos florestais cantam apenas na dimensão luminosa, o pobre cuco transita entre a claridade e a dimensão clandestina do longínquo. E ele só anuncia a sua mensagem ao cruzar a linha da fronteira. Sem lugar algum a não ser o do trânsito pela zona fronteiriça, o cuco, esse animal mais morto, é, paradoxalmente, o portador da palavra manifestante e da palavra mais vulcânica. Há cucos de anúncio sóbrio e límpido, como Franz Kafka, o grande cuco da Europa, de uma Europa cuja verdade ele próprio revelou, um cuco, eu diria, do tamanho de um Big Ben encravado na Europa Central, e um cuco que desconhecia sua própria "cuquidade". Há cucos mais vulcânicos, cucos de língua russa como Dostoiévski, cujas notas do subterrâneo ganham uma atualidade cada vez mais crescente, ou de língua polaca, como o traiçoeiro Gombrowicz, um cuco ziguezagueante em fuga permanente. Há, portanto, pelo planeta inteiro, uma pipocação cucológica, e seria realmente maravilhoso poder falar de cada um desses cucos, do estilo e do jeito específico de cada um deles, comemorá-los amigavelmente, expondo-nos ao lugar de onde falam. E um tal trabalho não seria mais um trabalho de crítica ou de teoria literária, pois crítica e teoria literária, em geral, e infelizmente, apenas pacificam e exorcizam o elemento intrinsecamente vulcânico da palavra reveladora, e isso acontece porque, em geral, os críticos literários, os especialistas em literatura, enquanto criaturas preenchidas e dependuradas na identidade social de intelectual, transitam, apenas, a exemplo dos pássaros de Akhmátova, de um lado da linha, o lado claro e metafísico, desconhecendo inteiramente o dilaceramento e a situação clandestina, hesitante e indecidível do cuco. E por não terem notícia do lugar exposto do cuco, os intelectuais se põem a interpretar poemas e escrituras quando, na verdade, são o poema e a escritura que poderiam interpretar e perfurar suas teorias estéticas, bem como sua propalada intelectualidade. O homem exposto, aninhado no enigma da medida real, é ininterpretável, pois ele já se encontra na indigência da verdade e em sua palavra o dito e o revelado já coincidem, não havendo mais material algum a ser decifrado. O homem teórico, entretanto, é ainda passível de interpretação e de escavação hermenêutica precisamente porque, alérgico ao lugar, refugiou-se nalguma teoria sobre o mundo e sobre o compartimento do assim chamado fenômeno estético. Mas não é o caso de colocar aqui o mundo inteiro de ponta-cabeça e mostrar isso de uma vez por todas, mostrar que realmente vivemos num mundo às avessas e num mundo que está de ponta-cabeça e que seria necessário virá-lo todo e inteiro, a fim de que ele se torne, por um momento, verdadeiro e respirável. Teorias literárias muitas vezes são defesas contra a literatura, assim como teorias psicológicas são pequenas fobias diante do terremoto humano. Elas passam e se sucedem na velocidade dos automóveis, enquanto a literatura permanece e atravessa os séculos, de tal modo que o próprio Marx, que pensava metafisicamente no sentido de uma gênese social da literatura, reconheceu que ela transcendia inteiramente essa gênese e que poderíamos, hoje, ler e amar algum poeta grego antigo. Os paradigmas teóricos duram kuhnianamente o tempo que dura a geração e a geração-filhote, cujo discurso é o discurso-poder na empresa universitária e na empresa do jornalismo cultural, para a qual a empresa universitária oferece a mão de obra qualificada. Os paradigmas passam e mesmo agora, quando começam a chegar até a universidade, o nome dos cucolizadores da teoria literária, isto é, dos autores responsáveis por uma cucolização filosófico-literária tais como Derrida e Blanchot, mas também Foucault e Deleuze, cujos trabalhos realmente importantes e nutrientes digerem e lançam para trás ou para adiante as palavras do imenso cuco filosófico do século xx, o cuco Heidegger, cujo anúncio sóbrio abriu a caixa-preta que sustentava vinte e cinco séculos do gorjear e da cantoria dos pássaros florestais; então, por intermédio do cuco Heidegger, em cuja mesa de trabalho havia uma foto do cuco Dostoiévski, ou por intermédio do cuco Gilles Deleuze, que, embora negasse a portinhola traseira da cuquidade e sua retração para a transcendência finita, morou na linha sísmica da pura imanência, onde vida e morte se confundem, e no plano em que Dentro e Fora se irmanam, gerando a palavra de intensidade física; então, provavelmente haverá uma mudança de discurso e muitos passarão a falar de cucos, de linhas e da diferença, mas é necessário discriminar entre o falar de cucos, ou seja, o falar sobre algo, e o morar em algo. Não se trata mais de falar e discorrer sobre as coisas, de fingi-las ou simulá-las com o intelecto. Quando mudamos de discurso, nada acontece além de uma autoinflação intelectual e de um aumento de poder discursivo. A urgência não está na mudança de discurso, mas na alteração da nossa relação com a linguagem e com a palavra. Por isso, muitas vezes conversamos com um especialista em Dostoiévski ou com um especialista em Kafka e logo ficamos imensamente tristes e decepcionados, pois percebemos que em sua história, em seu corpo e em sua conversa não há o menor sinal de qualquer inquietação kafkiana ou dostoievskiana, e que ele, em sua víscera, desconhece inteira e realmente aquilo sobre o que fala e que sua vida se desenrola no antípoda da ideia que propaga. Ficamos tristes ao perceber que o intelectual, escondido no jogo dos seus móbiles intelectuais, não sabe nem quer saber quem ele é e não pretende expor-se ao vento fecundante que destroçaria a figura-intelectual enquanto esconderijo e esconderijo poderoso. E se falo dos intelectuais é apenas porque aponto para o imenso risco da cooptação e neutralização universitárias da palavra do cuco e da palavra vulcânica. Sabemos hoje, pois os vulcanólogos não se cansam de repetir, que, se não existissem os vulcões, a Terra seria lisa como uma bola de gude ou uma bola de bilhar. Não haveria relevo nem rugosidade, e muito menos sombra. E isso é exatamente o que está acontecendo hoje a todos nós, em todos os níveis, e isso é de uma evidência cristalina, pois sentimos cada vez mais a dor e o frio da luminosidade avassaladora, e o frio oriundo da trituração e do massacre de pessoas e lugares nesta engrenagem inteiramente falsa e destrutiva que chamamos de sistema ou de mundo normal. E é por isso que trabalho numa autobiografia enquanto heterotanatografia; e nessa autobiografia eu digo tudo e eu revelo tudo, esgotando e exaurindo a verdade do meu corpo e do meu tempo, e mostro que se trata de um tempo em que a vida verdadeira está ausente, de um tempo intrinsecamente sinistro e ainda por cima pintado com as cores do bem; e eu aponto isso e mostro isso e apenas isso, sem informar nada, pois já não se trata mais de informar alguma coisa a alguém, e ao fazê-lo, ao esgotar todo e qualquer segredo, ao esgotar inteiramente o segredo de minha existência e de minha cultura, ao colocar-me inteiramente às claras, converto-me no máximo segredo e no passageiro clandestino, e isso tem de ser assim e não há nada a fazer a não ser isso, a não ser nos lembrar de que somos um fiapo visitado pelo mistério e que nossa vida é a sublevação hesitante onde o mundo, em vão, se ilumina.

[Texto lido em 20 de março de 2001, na Livraria Cultura, em São Paulo, no evento "Francofonia, Lusofonia, Multifonia, respondendo à questão: O que é a língua para um escritor?", e posteriormente publicado na revista *Cult*, n. 48, jul. 2001.]

heterotanatografia: esse-menino-aí

A desolação da terra pode ser acompanhada da obtenção
do mais alto padrão de vida para o homem e, igualmente,
da organização de um estado uniforme de felicidade para
todos os homens. A desolação pode ser a mesma coisa
nos dois casos, e assombrar do modo mais sinistro, a saber,
ocultando-se. A desolação não é a mera destruição. A desolação
é, na cadência máxima, o banimento da Mnemosýne.
— HEIDEGGER

Meteoro incandescente na terra caído por desastre obscuro.
— MALLARMÉ

Para Michaela

Minha mãe se "apaixonou" pelo meu pai porque ele usava meia três-quartos e tinha uma bolsa para estudar o fígado nos EUA. Foram agenciados em um grupo de psicanálise nos anos 60, grupo dirigido por um homem chamado Marcos Piva. Quando este bebê chegou ao mundo, o primeiro rosto que ele encontrou fazia parte do minotauro gelado da objetivação. A entidade que estava no lugar de minha mãe estudava os livros indicados pelo referido senhor a fim de produzir um bebê são. Fui um bebê abordado pelo cálculo. Quando eu tinha vinte e sete anos minha mãe contou-me, com bastante orgulho, como eu "fora um bebê amado": ela havia lido que aos seis ou sete meses não se podia deixar o bebê sozinho para ele não ficar esquizofrênico. Entrava no quarto e, indo até o berço, esboçava um sorriso, isto é, de tempo em tempo ia até o meu lugar na cela e imitava o gesto facial de um sorriso. Penso que essa experiência foi decisiva para minha vida futura. Uma vida que sempre quis escapar da superfície iluminada do mundo administrado para poder encontrar a consanguinidade do mistério das coisas.

Os lugares que encontrei reproduziam e homologavam a natureza dos meus primeiros encontros: a entidade-colégio era uma máquina de trituração da criança possível. Eu só conhecia o saber da superfície e não tinha nenhum tipo de recolhimento capaz de gerar a confiança no ato de pensar. Atravessei o colégio decorando tudo, copiando absolutamente tudo. Me enrijeci militarmente e entronizei a ordem totalitária do real e todos os seus procedimentos. Arrumava minhas roupas geometricamente sobre uma mesa de bilhar, dispunha as bolas simetricamente em todas as caçapas e rezava para algum deus a fim de que os procedimentos que eu colocara dentro da minha cabeça não desaparecessem durante o sono. Sempre acordei alguns segundos antes de o relógio despertar (às 6h40), sempre fiz o meu Toddy no eterno da solidão e sempre pus a mão na maçaneta no instante exato em que aquele ônibus escolar mugia sua voz medonha. Dentro do ônibus eu recapitulava meu arsenal de sobrevivência em sabatina. Uma questão me inquietava: "Será que eles irão descobrir que estou colando do meu próprio cérebro, que o Gombro faz cola de tudo dentro dele?" Essa angústia durou uns doze anos, incluindo todo o tempo no lugar-entidade-escola. Me lembro daquela prova de matemática; o professor pôs os dez problemas na lousa e eu os fui reconhecendo imediatamente em cima do pânico, um a um, até o décimo. Resolvi a prova inteira em 45 segundos e passei os restantes noventa minutos simulando o ato e a cara-de-pensar, e escondendo a prova já inteiramente resolvida. Tirei nota dez, com o Jó e o Marcelo, dois garotos inteligentíssimos, um deles meu amigo e hoje cientista mundialmente importante.

Eu não tinha outro lugar a partir de onde medir o eterno em que eu vivia. Algumas vezes o pânico era muito grande e eu não reconhecia o problema ou sua estrutura; tirei nota um e nota dois pelo menos uma vez e temi que meu segredo, o segredo-cola, fosse descoberto. Nesses dias eu andei pelos pátios gelados da escola e soube o que sente uma zebrinha cercada pela matilha de hienas. Não sei em que abismo amigo eu me escondi daqueles rostos, mas sei que esse lugar existiu e hoje me causa profunda dor saber que a dor do animal acossado e da terra em extinção desconhecem a rota de fuga e o tempo de espera. Eles vivem apenas no atual e dependem inteiramente de nossa fragilidade.

Eu criei um eu hipermetafísico e um tecido de sinapses velozes e miméticas para sobreviver e, misteriosamente, mantive dentro de mim, intacta, durante muitos anos – anos astrofísicos –, a região da vida possível. Atravessei enormes descampados de isolamento até poder compreender a profundidade maravilhosa do sorriso de uma mulher.

Meu pai e minha mãe, um casal absurdo e inexistente, ficaram "juntos" por muito pouco tempo. Aos quinze anos, minha mãe, num dos três ou quatro diálogos solene-pedagógicos que tivemos até meus dezessete, contou-me que eles não tinham conjunção carnal, que só uma vez tinham tido relação carnal, conforme reza o código penal, num dia de agosto de 61, data em que eu havia sido concebido. O outro diálogo solene foi aos treze, catorze anos, quando ela me disse que masturbação não era pecado e que eu não precisava escutar os padres do colégio. O problema é que eu não sabia o que masturbação significava. Mas isso não me impediu de simular um entendimento. A propósito, devo dizer que apenas aos dezessete, tomando banho num camping de Matinhos, cidade do litoral do Paraná, senti algo desconhecido e vi um líquido esbranquiçado jorrar do meu corpo. De início fiquei muito assustado e pensei em procurar um centro médico a fim de relatar o ocorrido, mas, passado o susto, percebi que aquilo podia ser a famosa sexualidade. Havia um arco-íris duplo no céu de Matinhos e me lembro de ter caminhado pela praia e olhado as ondas do mar com um encantamento estranho das terras impossíveis. Essas últimas quatro palavras, "encantamento estranho das terras impossíveis", não constituem literatura nem enganação, mas uma experiência acessível. Basta conferir a escrita de uma divindade polaca chamada Bruno Schulz para saber o que é o Estranho Encantado de que estou falando.

Acho que sobrevivi no tempo-lugar-colégio por causa da imantação encantada, forte e genial de algumas coisas que amei na mais secreta clandestinidade. A primeira delas foi a Eloá. Eu devia ter cinco anos e, num fim de semana com meu pai divorciado, fomos ver uma exposição de cães na Água Branca. Com o número 371 ganhei um filhote de collie. A Eloá me acompanhou fora do mundo, na terra intacta, durante muitos anos: nós nunca nos misturamos com a realidade. Depois a Eloá se estendeu até uma moto amarela, até uma prancha de surfe (também amarela) e o mar e as ondas do mar que eu amei acima de tudo numa terra distante do mundo, terra completamente cindida e, sempre, sempre a Eloá! Estes dois mundos – o real e o que eu amei sozinho – jamais se cruzaram.

Hoje me lembro de uma pessoa que esteve junto de mim por algumas horas, mas essa pessoa sumiu para sempre. Foi um homem chamado Argos, um tio distante que morava no Rio. Esteve comigo no sítio de meu pai, em Piedade, terra de origem de meu pai; meu pai, um homem bom e provinciano que foi triturado pelo caráter absurdo do mundo em que vivemos. O Argos sorria muito quando me via e durante aquele fim de semana ficava sempre ao meu lado. Falou-me da assombração do barão (um antigo barão que morara ali) e, nas caminhadas noturnas, dizia "ba-rão, ba-rão, ba-rão, venha pegar o Gombrozinho". Vivi dois dias no espaço possível do sorriso na companhia do Argos e do seu vozeirão rouco de tabagista-bebum. Falou-me de cascavéis e de desertos. Da serpente magnífica cujo nome era Naja, e imitou, com suas mãos, o andar preguiçoso das tarântulas. Juntos, assustamos minha avó, um OFI, objeto freudiano identificado, que temia a alma do marido morto. O Argos e eu saímos de madrugada e arrastamos correntes a uns quinze metros da janela do quarto de minha avó; as correntes faziam um som aterrorizante enquanto eu e o Argos fazíamos barulhos do além com a boca. Minha avó morreu de medo e teve de passar a noite acordada na sala. Quanto a mim, fiquei tão excitado e animado com o Argos que não dormi naquelas duas noites. Soube mais tarde que meu pai e minha avó deram uma dura no Argos; ele estava deixando aquela criança muito excitada! (A propósito, e este é um "a propósito" bastante secundário, me recordo agora que minha avó paterna sempre se referiu a mim no feminino – boneca, querida etc. – e eu achava isso bastante engraçado!)

    Aos dezesseis anos fui, por três meses, aos EUA num intercâmbio cultural, algo que estava no cardápio das experiências necessárias para a boa formação de um jovem são, jovem habitante da iluminada ordem do mundo. No dia em que me buscaram no aeroporto (pai, mãe, mais o Marcelo e o Paulinho), eu comecei a encenar para os meus pais uma espécie de loucura. O Paulinho me disse que já estavam no primeiro mês de aula (eu sabia), me disse que eu tinha perdido trinta dias inteiros e que, no dia seguinte, exatamente no dia seguinte, tinha uma prova de trigonometria. Esse nome me massacrou e eu estava absolutamente horrorizado. Ao entrar em casa, encontro Aischa, uma setter irlandês que tinha vindo para "substituir" a insubstituível Eloá, completamente cega e esquálida. Atirei um pedaço de carne para o alto e o seu salto antigo, o seu maravilhoso bote, não veio; a carne bateu no seu focinho e os seus olhos estavam opacos. E minha mãe disse que não tinha visto, que sentia muito mas ela não tinha visto que a Aischa estava cega e prestes a morrer. Aischa morreu dois dias depois da minha volta, depois de eu a ter abraçado muito. Eu me lembro daquela noite na minha cela, as lajotas vermelhas e escuras, por suas canaletas fluíam rios do xixi da Aischa, as madeiras estalando sem parar (a vida inteira elas estalaram) e o nome Trigonometria me oprimindo feito um anagrama forasteiro com o pânico físico do dia seguinte. Ali estavam a mesa de bilhar e a minha escrivaninha, o lugar onde eu decorei, sozinho, a inospitalidade de todos os saberes. Ali eu jogava munição para dentro da cabeça, eu assistia à munição entrando para dentro da cabeça e eu não ligava TV nem rádio, pois eu temia que as munições se misturassem, que eu escrevesse uma notícia em vez de um número. Ali eu segurei minha cabeça e atravessei a época-colégio! Na época-colégio eu aprendi a disciplina do massacre. Eu aprendi que a realidade inteira não passava de mentira. Soube da GRANDE FALCATRUA. Eu sabia que eu era um idiota, um destituído de qualquer inteligência, só podia ser isso, o silogismo era fácil, afinal, ali, no lugar-colégio, nenhuma sílaba, nenhum teorema, nenhuma palavra fizeram o menor sentido! A culpa só podia ser minha! Eu me dizia: "Você não sabe pensar! Mas é necessário derrotar aquelas provas e não ser mandado para uma escola de débeis e de anômalos. Tudo é memória e imitação, ele-eu me dizia para mim. Os animais da selva sabem imitar. Você é como eles!" Então eu sentava na escrivaninha, ereto como um guarda romano, e formalizava todos os tipos de soluções possíveis no repertório dos problemas. Geralmente eram três ou quatro variações de estruturas. No mais, só se alteravam os números. No dia seguinte eu ficava de prontidão e, ao olhar a lousa ou ler a prova, fazia uma identificação repentina. Se isso não ocorresse, eu era invadido pela tempestade de pânico e o meu corpo podia se desmantelar num oceano de formigamentos. Mas à noite eu sempre tinha rezado a um deus para que ele mantivesse minha cabeça intacta: "Peço ao senhor que tudo o que eu coloquei em minha cabeça esteja ainda lá amanhã de manhã e que eu seja capaz de recordar. Faça isso pra mim". O excepcional é que o meu método dava certo e eu conseguia fazer quase tudo sem compreender absolutamente nada. Passei a ser tomado como um dos melhores alunos da escola. Eu ocultava meu método com toda artimanha possível, temendo a descoberta do segredo. Durante anos fui eleito pelos colegas o presidente-da-classe, os professores corroboravam meu nome. Minha popularidade e liderança eram jogos de astúcia e eu as estranhava muito. Eu sabia que minha vida era uma guerra desconhecida, uma batalha no planeta diferente. Exteriormente, por anos, fui uma criatura totalmente exemplar e sem defeitos. Minha mãe esperava de mim um futuro feito de glória e de poder; aos seus olhos eu era uma espécie de pequeno Midas, jamais dera problemas e o que eu tocasse virava ouro.

Mas eu sabia que tudo aquilo, toda aquela desenvoltura escolar e toda aquela facilidade exterior eram pseudo; eram mentira. Por que os olhos do mundo são tão cegos? Por que os homens acreditam tanto na deusa realidade? Por que não falam da GRANDE FALCATRUA? Sei que sempre mantive uma vigilância permanente e uma organização total. Treinei minha "velocidade para fugas" e minha "astúcia de guerra". Meu primeiro romance, escrito em 82, era isso tudo visto de dentro e me lembro de passagens inteiras sobre tortura, nomeação e captura. Do ponto de vista da cegueira do lugar-família e da cegueira do lugar-escola, eu vivi "perfeito" por vários anos: escondia minhas febres para não faltar na aula; às vezes, já estava vestido em plena madrugada e, por horas, aguardava a passagem do velho ônibus escolar. Entrava dentro daquele ônibus em incontáveis manhãs de frio ou de calor. Eu não notava a diferença. O que eram essas manhãs? Por onde me levavam? Eu só sabia que aquele era o meu campo e o meu sempre. Nunca imaginei alguém, nunca imaginei um rosto a quem confessar minha fraqueza específica, isto é, o descompasso entre a enganosa facilidade de fora e a inexistência de dentro. Nunca imaginei alguém para contar o que eu sentia: "Sabe esse menino do colégio, o das notas e da ordem? Esse menino não existe. Sabe o meu segredo? O menino verdadeiro está desaparecido e eu temo que ele não exista mais... Por que a marionete da ordem tomou o lugar da criança possível? Por que a violência do mundo faz esse truque? Por que a assim chamada vida familiar e a assim chamada vida escolar e a assim chamada vida social trituram a criança possível? Por que sobrevivem apenas os falsários, os que se identificam com a criança morta?" Também nunca imaginei um outro lugar que não fosse o lugar-escola e, durante muitos anos, o lugar-casa e o lugar-escola tornaram-se tão hegemônicos, tão totais e tão insistentes que a própria Eloá e meus universos paralelos desapareceram e ficaram tão opacos quanto a infâmia chamada realidade. O brilho e a vibração frágil chamada Eloá ficavam as-sas-si-na-dos pela atmosfera fria da casa. Tudo precisa de espaço propício para luzir. Assim como é impossível ler uma página de Bruno Schulz perto de Auschwitz, assim como é impossível ler um poema de Hölderlin num quarto de hotel cinco estrelas, assim como é impossível que numa sala de universidade (das que andei) surja um pensamento-vento, um pensamento-macieira, assim também Eloá não podia existir no lugar-casa. Ficamos tristes e separados e ela soube disso. Não é nada casual que Eloá tenha morrido nos cantos daquela casa após uma dedetização. Quando a inocência dourada do mundo está morta, então vigora um pequeno erro chamado des-ti-no, vigora uma arregimentação chamada causalidade. O espaço morto nos isolou e a Eloá desistiu. Sua morte foi a morte que compreendi mais profundamente. Eu assisti à sua agonia, soube que ela estava indo embora porque aquele não era o nosso lugar. Porque aquele era um lugar-tétrico e nós não pertencíamos ao tétrico, o tétrico não era o nosso elemento, o té-tri-co nunca foi o nosso elemento. Eu fiquei só no lugar-casa e no lugar-escola, pois esses dois lugares iguais já tinham me separado da Eloá. Ela não gostava de seu quintalzinho-para-cachorros, da sua tigelinha-de-alumínio- -para-cachorros e do seu mordomo-para-passear-cachorros. Ela se recusou a viver numa casa-de-foto-de-revista, onde tanto ela quanto eu próprio estávamos sendo de-de-ti-za-dos. Ela não gostava de ver seu companheiro dormindo sozinho na sua cela de lajotas escuras, uma cela-de-casa-de-revista, casa estilo Mediterrâneo, numa rua sinistra de um bairro igualmente sinistro chamado Morumbi. Foi por isso que ela morreu, porque a de-de-ti-za-ção de nosso ser, a verdadeira dedetização, já tinha começado muito antes do detalhe, do acidente empírico da dedetização que vocês chamam de real. Eu fiquei muito só. Não fiquei só como uma planária, um Kaspar Hauser ou uma ilha do Norte. Eu fiquei mais só. Eu fiquei nos anéis de Saturno, eu fiquei andando na garganta de Netuno, eu fiquei nas ruas vazias do Morumbi, mas, pelo menos, a Eloá tinha escapado. A Eloá tinha escapado e pouco importava que eu continuasse dentro do desastre daquele teorema sufocado. Eu já estava acostumado!

Continuei naquele quarto escuro, continuei dando corda num relógio desnecessário e preparando minhas roupas em posição geométrica, como já disse, sobre uma mesa de bilhar. A propósito, ganhei essa mesa de bilhar do segundo marido de minha mãe. Eu andava virando os olhos para trás de tal modo que eles (pessoas) viam só o branco do olho; eu fazia isso, eu fazia esse movimento o tempo todo, tanto no lugar-casa quanto no lugar-escola quanto no lugar-ônibus, que me levava de um lugar idêntico a outro ainda mais idêntico. Eu virava os olhos para dentro: não sei se era para procurar a criança sumida, a criança que tinha visto Eloá, se era para verificar o terreno baldio dentro da marionete-ordem ou se era simplesmente para não ver a onipresença das coisas, o fato é que eu revirava os olhos. Então o Paulo me disse: "Se você parar com isso eu te dou uma mesa de sinuca, Garoto". Então eu parei de fazer aquilo na frente da figura-Paulo e da figura-mãe, eu parei de fazer aquilo no lugar-casa e no lugar-colégio, e eu passei a fazê-lo apenas sozinho no lugar-quarto e no lugar-banheiro. Eu revirei os olhos sem parar, madrugadas inteiras, madrugadas inteiras eu fiquei zanzando do horror de fora ao vazio de dentro e do vazio de dentro ao horror de fora. E nesse jogo eu nunca achei nada diferente, eu encontrei sempre de um lado o absurdo ininterrupto e do outro a escuridão. Ganhei, entretanto, uma bela mesa de bilhar. Eu pude andar em torno dela e pude aprender sinuca de bico. Nela eu derrotei sucessivos mordomos. O ter parado de espiar para dentro para ganhar uma mesa foi uma das raras vezes em minha vida em que negociei, em que executei, deliberadamente, uma ação racional instrumental tendo em vista fins. Muitos anos depois, nos anos 95, 96 e 97, quando tudo, absolutamente tudo, esteve em jogo, nesses anos que foram os mais perigosos e terríveis de minha vida e em que a minha assim chamada integridade física esteve duramente ameaçada, e isso inúmeras vezes, então, nesses anos, eu não consegui negociar absolutamente nada. E quando eu ouvi a voz-família dizer: "Gombro, se você não parar de beber, se você não parar de correr atrás da vodca, você vai para o hospício ou para a polícia", então eu não parei de beber e eu conheci o lugar-sanatório, o lugar-manicômio e o lugar-presídio. E não há a menor dúvida de que eu terei de dizer tudo, eu terei de contar absolutamente tudo, o alfa e o ômega, tudo tal como foi e tal como se passou, pois isto já não é mais uma questão minha e já é uma necessidade maior do que a de comer ou respirar. Engana-se quem diz que o horror é inominável, o horror só é inominável para quem só conhece as palavras dóceis, para quem só conhece as palavras meios-termos, mas o horror é dizível na hipótese de que você foi visto por um olho-Auschwitz e você, tendo percebido que estava sendo visto-e-dito por um olho-boca-Auschwitz, você, simultaneamente, assistiu a tudo isso acontecer. Com uma voz-frieza-de-objeto você pode descrever-mimetizar ao que assistiu enquanto era visto e no-me--a-do como algo exterminável. Talvez seja um acesso meramente fonográfico e visual, talvez ele nunca diga um conteúdo, um fundo, nem qualquer rugosidade opaca de vida, mas isso se deve precisamente ao fato de que nessa hora tudo isso sumiu. É provável que eu tenha conhecido essa hipótese, pois num dos lugares em que estive, o olho-palavra de um homem vestido--de-branco, um homem dito normal que guia automotores e põe bolas em árvore de Natal junto de rebentos que têm a sua cara, o modo como fui olhado por ele, antes de ser novamente amordaçado na cama metálica, fez com que, durante as treze horas subsequentes em que estive no lugar-cama recebendo injeções no lugar-ombro, fez com que eu não pudesse deixar de ficar sentindo, fez com que eu ficasse sentindo o tempo todo a vida das pessoas exterminadas, das pessoas que não tiveram nunca mais o depois-daquilo, que tiveram de olhar apenas dentro do olho do minotauro gelado e tão somente ele e apenas ele. E eu soube que essas pessoas morreram suspensas no infinito do horror e que o infinito, o horror e o eterno são nomes de coisas idênticas. E é por isso que desde o dia do EVENTO, do evento de doze dias atrás, eu me tornei uma palavra que não para, e essa palavra que não para, que não me deixa dormir e não me deixa cagar, e que é uma palavra intrinsecamente totalitária e excessiva, eu preciso dela, eu preciso dela porque no dia do EVENTO operou-se uma revelação e, nessa revelação, eu percebi em mim mesmo a presentificação total da minha vida, e nessa a-pro-pri-a-ção que me possuiu, nessa anamnese gigante de todos os agoras, de todos os com-quem e lugares de minha vida, essa instanteação onipresente de tudo o que me foi me percorre dia e noite sem parar, revivificando tudo e encarnando tudo. E a palavra que aqui eu digo é a palavra disso e é, portanto, a palavra necessária e eu preciso da palavra ne-ces-

-sá-ri-a para derrotar, para triturar a palavra morta, a palavra bom senso, a palavra psi, a palavra língua ordinária, a palavra jornal, a palavra divã, a palavra belas-letras, a palavra homem-de-letras, a palavra amiga, a palavra diversão, a palavra *talk show*, a palavra toda-TV e toda-rádio, a palavra táxi-Habermas, a palavra comunica-Apel, a palavra tísica-Rorty, a palavra associa-Freud, a palavra materna, a palavra ciência, a palavra diagnóstico, a palavra humanista, a palavra moral-polícia; é um bando, é um séquito interminável o das palavras que eu preciso silenciar. O Argos foi o culpado. O Argos foi o culpado de muitas coisas, culpado não só de eu sempre ter preferido os estranhos aos conhecidos, mas o culpado de ter me falado da Naja. Eu guardei o nome Naja assim como eu guardo tudo o que me dizem, mas eu guardei o nome Naja com um grifo negro embaixo dele e agora eu preciso da palavra Naja para colocar todas as outras em sinuca de bico; eu preciso do soro-antiofídico-Naja para destituir o desfile do verbo caído. Eu preciso da palavra gnóstica, da palavra maniqueu e eu preciso dela não porque eu não saiba falar as palavras do mundo; eu sei imitá-las muito bem, eu sei imitar a palavra-correta, a palavra "nossa-que-cara-culto!", a palavra "olha-como-ele-é-articulado", eu sei, eu falo de cabeça cheia, eu tirei dez, a chamada nota máxima, em quase todos os trabalhos que escrevi numa famosa instituição universitária e ali, naquele centro de excelência, naquela fábrica de inseminação de bons alunos, naquele exército do saber bem e do dizer bem, eu não emudeci e eu não me saí de todo mal, e eu convivi com muitos filhotes-de-papai que se tornaram filhotes-de-orientador, isto é, gente que seguiu sem gemer, sem o menor conflito, essa monstruosidade chamada homem-de-carreira, chamada homem-de-sucesso e que trocou o papá-gosta-menino-eu pelo cabeça-professor-ama-texto-eu. Eu conheci a violência intrínseca dessas pequenas criaturas culturais, criaturas que riscavam do convívio quem dissesse errado a coisa-Descartes e a coisa-Freud, e que, embora não tivessem os bens materiais como a coisa-Mercedes e a namorada-coisa-gostosa-que-vai-vernissage, tinham muitos bens culturais dentro da cabeça e adoravam a coisa-Kant, a coisa-Fichte e as belezas da literatura assimilada na bolsa de Paris. Agora eu me lembro de tudo, a assim chamada madeleine está inteirinha atravessando a minha boca, e é necessário que eu diga absolutamente tudo, pois isso, como já disse, não é mais uma questão minha e se percorro, retroativamente, levado pelo rumor das distâncias atravessadas, todos os lugares da minha existência, todos os com-quem e gestos a mim dirigidos, percebo, com um misto de náusea e perplexidade, que esses mesmos lugares, bordados no bem e na correção, não passavam de cenários ocos e que os gestos e as palavras escutadas eram oriundos de uma terra destituída, terra infinitamente incapaz de iluminar nem sequer um pedaço de noite e, assim, tanto no lugar-escola quanto no lugar-namoro, tanto no lugar-família quanto no lugar-divã, eu notei sempre a mesma ausência do outro, a mesma falta de rosto e o mesmo sumiço da fagulha e assim, quando cheguei a São Paulo após três meses nos EUA, três meses essenciais no que diz respeito à boa formação de um jovem são, um jovem que após três meses de experiência em país estrangeiro se torna melhor, mais apto e mais antecipadamente reciclado que qualquer outro jovem igualmente são que não tenha tido a mesma experiência, então logo que cheguei no aeroporto notei a presença da entidade-mãe e da figura-pai, mas tanto os olhos na entidade-pai quanto os olhos na máscara-mãe não notaram que junto à grande quantidade de espinhas, internas e externas, que tinham pululado no meu rosto, havia se atualizado, prestes a explodir, toda a turbulência de uma questão informulada. A questão "Há alguma vida verdadeira no planeta?" ameaçava dispor da totalidade do meu ser, minando e interrompendo tanto a habilidade mimética quanto a correlata capacidade de simular teatros-realidade a fim de viver no mundo sem compreendê-lo. Essa pergunta fundadora que é a mesma pergunta que me inscreveu e que me trouxe até aqui, eu teria ficado com ela inteiramente dobrada e informulada caso o lugar chamado carro tivesse capotado e se espatifado após uma ligeira desatenção de meu pai no quilômetro 76 da rodovia Anhanguera. Vale dizer que se eu tivesse morrido no 76 da Anhanguera eu não teria tido o tempo necessário, o espaço temporal necessário e indispensável para desdobrar e para me apropriar da pergunta que me foi confiada, e eu teria desaparecido com ela inteiramente embrulhada e, então, nessa hipótese, minha existência não teria sido mais que um horror e um massacre, pois foi apenas porque puderam se passar vinte anos desde a data do quilômetro 76 até a data de hoje que eu pude tocar as mãos no ombro do adolescente obscuro que viajava naquele carro, adolescente que não podia esperar mais nada a não ser a própria espera pela minha chegada. E é só porque eu pude durar mais vinte anos e pude deixar de continuar ferido pela paixão da mesma dúvida; é só porque eu realmente pude ir bem longe no farejamento do mundo e na investigação da existência que pude, finalmente, colocar as mãos no ombro do adolescente e, com ele, junto dele e sobretudo no elemento da dor-ele, destruir e aniquilar todos os lugares que o sufocaram. Foram, portanto, necessárias duas décadas para que eu estivesse em condições de olhar dentro do olho do minotauro gelado e tão somente ele e apenas ele e olhá-lo face a face, frente a frente, perfurando-o e ultrapassando-o na direção de uma nova terra. É porque me encontro, agora, protegido pela palavra de uma terra redimida que posso fitar o minotauro na sua própria língua e desgorgonizá-lo e dissolvê-lo até o último limite. Não fosse essa visitação do agora, não fosse o sopro dessa visitação, eu jamais teria descoberto o que me conduziu por uma história que é uma ausência de história e por uma vida estranhamente cerzida na falta-de-uma-vida. Se posso agora abrir a boca, é porque fui visitado pela grande ruptura. É apenas quando desaparece a cadeira em que um homem sentou ou quando some a forma na qual ele se manteve toda-uma-vida que se tem o direito de começar a falar e a expor. Antes de qualquer visita dessa ordem, um homem é apenas uma ilusão ambulante e se ele se põe a falar e a narrar, logo percebemos que sua narrativa já se encontra inteiramente narratizada e que ela e ele, narrativa e homem, pertencem apenas ao mundo e não à turbulência da verdade. O homem que abriu uma brecha na cidade ao gritar do viaduto e da janela do edifício estará em condições de começar a falar se ele não esquecer e não suprimir o grito ao voltar para o seu quarto, mas se, ao contrário, permanecendo no elemento do grito, começar a ser apenas e tão somente a partir do elemento do grito, de tal modo que já não são a cidade e o edifício que assistem ao grito, mas é o grito quem olha o edifício e a cidade. Passei boa parte de minha vida gritando em túneis, janelas e becos, e se hoje eu não preciso mais gritar é porque me tornei a própria dor contida naqueles gritos, e é ela e apenas ela quem me autoriza a falar. Estou autorizado a falar não em virtude da minha formação cultural ou da anuência consentida pelo prêmio-literário, pela crítica-literária e pelo doutor-literário, nem em função de algum embuste chamado competência comunicativa, mas porque falo a partir de uma dor tão antiga que ela já estava presente na única memória deixada pela criança que fui.

A criança que fui tinha quatro anos quando fez sua primeira descoberta. Era uma tarde ensolarada na avenida Angélica 1905, apto. 10B, e eu estava cuspindo caroços de ameixa nos transeuntes que passavam na calçada quando notei que as ameixas tinham terminado e que eu não podia mais continuar lançando caroços nas pessoas que passavam. Dirigi-me, então, para a janela situada na direção oposta do apartamento, janela que ainda hoje dá para um cemitério, e fiquei olhando para os túmulos até o momento em que fui visitado pelo seguinte pensamento-pergunta: "Quanto tempo vai levar, Gombro, até que você reencontre alguém ou alguma coisa depois de você morrer?" Comecei, então, a repetir bem baixinho a palavra NUNCA a fim de surpreender o momento exato em que ela chegaria ao fim, mas fui me dando conta, ao acelerar a enunciação da palavra nunca, e ao dizer nunca, nunca, cada vez mais rápido, que aquilo não ia parar nem se deter. O tão esperado momento final a partir do qual algo ou alguém voltariam à minha proximidade parecia abortar-se continuamente. Visualizei então um homem caindo num desfiladeiro cujas rochas estavam marcadas com faixas amarelas de autoestrada e, entrando dentro desse homem visualizado, fui vendo as faixas passarem numa velocidade cada vez mais rápida até que, horrorizado, descobri que aquela queda jamais terminaria e, ainda, repetindo o nunca e o nunca em intensidade cada vez mais forte, senti a medula concentrar-se e ir se gelando progressivamente até que caí no chão, imóvel e paralisado: o infinito havia me estuprado de uma tal maneira que já no dia seguinte, não tendo podido esquecer o que havia se passado e não tendo podido mais procurar ameixas e transeuntes, desenhei com um giz uma linha de quase trinta metros e, pondo-me bem no centro dessa linha, fiz um ponto, um ponto minúsculo que era o ponto preciso onde estava minha vida. Percebi que ela estava rodeada de morte infinita nos dois lados e, ainda que eu apenas desenhasse como a criança-índio ou a criança-xamã, era, na verdade, a célebre frase pascaliana quem soletrava o seu peso nas minhas vísceras: o silêncio eterno dos espaços infinitos me apavora! Eu já conhecia, portanto, o sentido da frase de Pascal uns vinte anos antes de tê-la reencontrado escrita num volume filosófico, volume que tendo caído nas minhas mãos provocou a primeira reminiscência transparente daquela tarde na avenida Angélica. E já que se mencionou aqui o nome de Pascal, que tendo vivido apenas trinta e nove anos, teve, no entanto, o tempo necessário para desembrulhar o seu recado e para, generosamente, formulá-lo aos outros e ao mundo; já que se falou dele, não custa também pronunciar o nome de Descartes a fim de assinalar uma divergência essencial e uma radical oposição, uma vez que eu próprio, não tendo me descoberto num ato de pensamento conforme reza o princípio mesmo da filosofia moderna, mas porque o corpo tremeu ao saber-se mortal e eu me surpreendi intrinsecamente contemporâneo da noite de minha ausência, por isso e simplesmente por isso, não pude experimentar em relação a Descartes a mesma alegria e felicidade que encontrei em Pascal. Quando um homem descobre o próprio ser mediante um ato de pensamento, ele está descobrindo apenas um pedaço construído e secundário de si mesmo e, nesse sentido, ele se encontra na mesma situação daquele que apalpa a calça e o sobretudo e pensa estar tocando sua nudez primeira, o que equivale, sem dúvida alguma e sem o menor exagero, a um erro e a um embuste. Há uma diferença muito grande entre encobrir-se e descobrir-se, mas este não é, ainda, o momento exato para falar de filosofia e acertar as contas com o pensamento dos filósofos. Qualquer aluno de filosofia poderia objetar que Renato Cartesio, conforme as traduções espanholas dos manuais soviéticos de história da filosofia, que Renato Cartesio não era um mago da insegurança, mas, ao contrário, estava ocupado com a certeza e não com a verdade e que a verdade como certeza é bastante diferente da verdade como verdade. Mas é temerário falar e discorrer sobre filosofia. Há sempre um vigia e há sempre um espião decretando antecipadamente a nossa incompetência. Seria necessário um solilóquio a quatro paredes, quatro paredes bem fechadas, onde ninguém fosse ouvido; seria necessário, para falar de filosofia, locomover-se até a última rua da cidade de Guarulhos ou fugir para um país de língua estrangeira como a Polônia ou a Turquia, um país onde já nem houvesse mais instituição filosófica e, por isso, este ainda não é o momento exato para acertar as contas com o pensamento dos filósofos. Isso implicaria um enorme desvio, uma monstruosa digressão que mostrasse que a única maneira de não ser completamente aniquilado pelo exército dos filósofos seria medi-los e enfrentá-los a partir do constante recuo até o informulado da própria questão, uma tática de ida e vinda, entrada e saída, em que a inteligência conquistada é permanentemente submetida à vigilância da reserva de estupidez e de inocência, de tal modo que ao conhecimento incorporado seguem-se a negação e a destruição do conhecimento incorporado e, à forma adquirida, seguem-se o horror e a náusea por essa mesma forma adquirida e assim sucessiva e incansavelmente, pois é apenas assim que haveria as condições necessárias e nunca suficientes para eclodir uma questão real. Mas hoje ninguém dispõe do tempo e do espaço necessários para manter-se fiel ao próprio informulado; tudo conspira sistematicamente contra uma tal possibilidade, de tal modo que a maioria dos homens, a quase totalidade deles, nem sequer pressente que carrega em si um filósofo possível e que seria exuberante desdobrá-lo no diálogo e no combate com os filósofos logrados. Porque tudo hoje se encontra radicalmente tamponado e suturado, não há espaço para a realização da filosofia como sofia e da sofia como literatura. Para tanto seria necessário um imenso lugar de errância e vagabundagem, bem como uma acolhida por parte dos guardiões e dos plantonistas da filosofia, mas os plantonistas da filosofia, os membros da instituição filosófica, ao perceberem alguém querendo erguer a cabeça a fim de balbuciar suas inquietudes, fazem com que ele não mais se sinta no direito de fazê-lo.

Se eu, no entanto, me atrevo a abrir a boca para falar de filosofia, é porque me encontro protegido pela visita filosófica do infinito. É porque aos quatro anos, na avenida Angélica, tendo repetido muitas vezes a palavra NUNCA, eu me horrorizei diante da incalculabilidade da duração do eterno e porque, na incalculabilidade da duração do eterno e no correlato horror-aniquilação que constituíram minha primeira formulação, eu não descobri nenhuma infinitude positiva nem qualquer substância gorda que me sustentasse, mas, ao contrário, descobri apenas minha precariedade e minha completa fragilidade, tornei-me então uma pessoa intrinsecamente filosófica, e é uma pessoa intrinsecamente filosófica aquela que está na situação de dizer tudo sem negociar absolutamente com nada e com ninguém, pois seu único antecedente, seu único rodapé e seu único mestre é o grito do primeiro despertar. Porque eu jamais esqueci esse grito nem me livrei da ameaça de cair-para-sempre-para-fora-do-mundo, por isso, e apenas por isso, minhas assim chamadas relações com a vida tornaram-se, todas elas, sem exceção, filosóficas e transcendentais. E desde o início, desde que cheguei ao mundo, adentrando no lugar--maternidade, todos já estavam a postos e todos, como numa partida imóvel de futebol, vestiam suas camisas numeradas e atuavam nas áreas demarcadas com uma tal precisão que eu senti tratar-se de uma partida eternamente presente e de uma partida que jamais tinha começado, e assim percebi o sorriso do doutor médico e o sorriso do doutor médico coincidiu com o sorriso médico do doutor e enquanto ele sorria, simultaneamente, meu avô imutável observou que eu era excessivamente ruivo e tinha um nariz um pouco grande demais e minha mãe, tendo ouvido essa proposição de meu avô, teve alguma dificuldade em segurar-me da maneira correta, da maneira que ela havia lido no manual científico da boa mãe, pois ela tentou medir-me e avaliar-me a fim de precisar se aquela coisa ruiva e barulhenta não estava chegando com algum defeito estético. Foi necessário que a figura-pai contasse e conferisse o número dos dedinhos, o que ele fez seguida e obsessivamente por quatro vezes, iniciando assim a minha primeira sabatinização, para que a entidade-mãe conseguisse esboçar a sua primeira grande pulsão de recepção: um sorriso realmente branco e maravilhoso haurido nos melhores textos indicados pelo terceiro doutor, um doutor muito importante que não se encontrava ali, mas que havia prescrito, de antemão e de um modo transcendental, a totalidade dos procedimentos obstétrico-anestésicos do parto da beldade-mãe. E é óbvio que tudo saía a contento, tudo funcionava maravilhosamente bem e eu era, exceto o nariz um tanto grande e o cabelo avermelhado, razoavelmente perfeito, dir-se-ia até que feito à imagem e semelhança da coisa-deus e da família e, por isso, todos transitavam alegres e sorridentes dentro do lugar-maternidade. Até mesmo a realidade-avô, que sempre parecia ter acabado de sair do banho, e, fosse de madrugada ou após um voo de dezesseis horas, era admirável constatar que a realidade-avô continuava idêntica à realidade-avô, mesmo ela permitiu-se uma palavra não jurídica ao cumprimentar a enfermeira e parabenizá-la pelo sucesso da operação. Tudo ia muito bem e tudo ia tão bem no interior do lugar-quarto, situado no interior do lugar-maternidade, incluído no interior do lugar-mundo, que ninguém notou que o primeiro sorriso da figura-mãe absolutamente não me convencera. Eu fiquei extremamente desconfiado e não fui seduzido pela primeira grande exibição de arcadas da figura-mãe e, desde esse primeiro início, tendo me perguntado se era realmente aquilo um sorriso humano, abriu-se entre mim e a totalidade daquela família uma cesura monumental e uma radical oposição, pois me pareceu que aquela família, na condição de célula-familiar, encontrava-se ali desde sempre e, desde sempre, todos estavam a postos num eterno presente enquanto eu, e apenas eu, teria vindo da noite e do assombro, e que eu, na condição de recém-chegado e, portanto, inteiramente reminiscente da sublevação dessa mesma chegada, aportava no interior de uma família que parecia não portar nenhuma marca de chegada nem reminiscência de partida.

    Comecei, portanto, a estranhar e a não participar dos rituais daquela família; soube que eu havia baixado num lugar equivocado, num lugar infinitamente aguado e diluído, e que deveria existir um outro planeta onde a vida fosse verdadeira e, batendo em retirada na direção contrária, na direção da noite que me precedera, tornei-me uma espera infinita e tornei-me a lenta paciência na direção do verdadeiro nascimento. Vale dizer que logo nos primeiros instantes, tendo colocado a cabeça para dentro da maternidade e não tendo podido dependurar-me no sorriso-mãe, pois o sorriso-mãe, enquanto armação sinistra do bem, já não guardava nenhuma lembrança de minha essência, fui obrigado a desdizer o mundo e a retroceder até a região das antecâmaras. E é preciso assinalar que logo nesse primeiro recuo corri o imenso risco de tornar-me um grito eterno e de cair para sempre na direção do nunca, a exemplo de uma grande quantidade de pessoas que conheci e com quem convivi, pessoas que se encontram dependuradas apenas num fiapo de palavra ou no fiapo de alguma esquisitice para não desaparecerem e para não sumirem para sempre, pessoas que são sistematicamente destruídas e aniquiladas pelos funcionários do bem, e os funcionários do bem, quer dependurados na velha caridade cristã, quer dependurados no moderno saber biológico-psiquiátrico, afastam constante e permanentemente qualquer possibilidade de relação humana com a dor humana, pois tanto a *caritas* cristã enquanto negócio do coisa-deus quanto a medicação psiquiátrica enquanto negócio do programa-científico exorcizam incessantemente o rosto do homem, e, se afirmo isso, eu o afirmo de boca cheia, pois experimentei em meu próprio corpo a posição de ostracismo a que me conduziu a boca do consolo e a posição de abandono a que me conduziu a mão que medica e sei, na forma de um saber concreto, que a boca do consolo olha apenas para o alto e encontra-se mediatizada pelo olho daquele que tudo vê, e o olho daquele que tudo vê gera nos homens apenas atos intencionais e os atos intencionais, precisamente enquanto intencionais, não passam de atos mortos e autorreferentes e, nessa condição, jamais alcançarão o rosto do homem que espera, o mesmo ocorrendo com a mão que medica, pois a mão que medica, ao se refugiar e se proteger no diagnóstico e ao olhar sistematicamente na direção do saber e do diagnóstico, empurra novamente para o limbo o rosto do homem que sofre, tornando esse mesmo homem cada vez mais só e cada vez mais desesperado. Mas eu não pretendo ainda – e este não é o momento adequado – acertar as contas com os homens-vestidos-de-preto e com os homens-trajados-de-branco, isso exigiria outra imensa digressão e desvio, um desvio que eu estaria, entretanto, bastante capacitado a realizar, pois já estive alocado e já fui inquilino tanto na cela dos primeiros quanto na cela dos segundos, e percebi que elas constituem apenas um prolongamento e um refinamento da mesma cela, um aumento de grau na sutileza decorativa, mas que, essencialmente, há uma continuidade entre o representante da entidade-deus e o representante do programa-científico.

 Se eu não pretendo empreender agora este necessário ajuste de contas, poupando minha autobiografia de um constante processo de scheherazadização digressiva, é porque, por ora, só me interessa assinalar que esses dois tipos de carcereiros não têm a menor condição de dialogar e de compreender aqueles que se tornaram um grito eterno, e isso pela simples razão de que eles moram no lugar antípoda e, por morarem no velho sono do lugar antípoda, não estão dispostos ao sacrifício de virarem do avesso e de ponta-cabeça a fim de encontrar a indigência adequada e a pobreza necessária que lhes permitiriam uma aproximação com os homens do grito. Eu próprio, tendo escapado por um triz de me tornar um grito eterno, pois, como já disse, logo que adentrei no quarto da maternidade não fiquei convencido com a primeira saudação de minha mãe e, não tendo sido atingido por essa recepção, retrocedi em fuga na direção do abismo que me precedera, mas – e aqui reside o detalhe essencial – esse retrocesso aconteceu de um modo tal que enquanto eu retrocedia, simultaneamente eu me agarrava ao fiapo de uma pergunta e essa pergunta, na condição de primeiro estranhamento do mundo, protegeu-me do completo sumiço e do inteiro engolfamento pela escuridão, e eu pude, portanto, salvar-me do grito eterno pois converti-me, ao mesmo tempo, não só em grito, mas em pergunta pela essência do mundo e pelo sentido da realidade. Vale dizer que nessa estranha condição de habitante duplo e de animal de fronteira pude transitar e espiar de um lado para outro, e pude perambular pelos lugares antípodas sem jamais conseguir fixar residência quer de um lado, quer do outro e, privado tanto da capacidade de engolir o gigantesco teatro do mundo quanto de suportar o engolfamento da morte, tornei--me apenas uma pergunta e essa pergunta enquanto espera e tensão pela vida verdadeira sustentou-me e conduziu-me por todos os lugares e por tudo o que fiz até a idade de trinta e quatro anos e, até a idade de trinta e quatro anos, apesar da aparente heraclitização e da aparente multiplicidade de formas e identidades que assumi, eu fui apenas uma única pergunta ambulante, pergunta endereçada a todos os lugares e a todas as pessoas que encontrei e, desde o primeiro momento, desde o momento inicial quando comecei a sugar e a succionar o peito materno com violência e intensidade crescentes, o que me causou a primeira sabatinização pediátrica, eu já me encontrava disposto pela pergunta acerca da essência da Terra, e pela pergunta acerca da essência do mundo enquanto população humana e, acossado por um há-alguém-aí? e por um tem-alguém-morando-aí?, fui levado a sugar com força o mamilo materno a fim de deslocar e desalojar a entidade-mãe enquanto estátua, pois apenas desalojando a estátua-mãe surgiriam as condições para o advento da outra mãe, da mãe cuja fagulha trágica, cuja fagulha e caos adormecidos pudessem saudar o milagre da minha chegada. Entretanto, quanto mais eu berrava e succionava, mais a figura-mãe se assustava e mais ela entabulava conversações pediátricas com outras argamassas e blocos falantes, de tal maneira que eu não tive outra alternativa senão a de recuar para bem longe e, com a parte que restava, dar início à minha carreira de ator e de falsário da identidade.

Tornei-me, portanto, um ator e um simulador de identidades e, quer eu estivesse no lugar-escola jogando uma partida de futebol, quer eu estivesse viajando para alguma cidade com a figura-pai, eu sabia perfeitamente estar simulando tanto o ato de jogar quanto o de viajar e, assim, quando estive na cidade de Brasília de mãos dadas com a figura-pai e ele, exibindo seus conhecimentos decorativos e arquitetônicos, apontou para os elementos vazados, o que constitui, ainda hoje, uma de suas expressões prediletas, ele mal sabia que seu próprio filho era o elemento verdadeiramente vazado e que aquelas duas palavrinhas, elemento e vazado, eram oraculares, pois a criança, na condição de filho, encontrava-se machucada por uma espécie de onisciência divina e, vagando no elemento dessa onisciência, se assistia constante e implacavelmente, antecipando assim em quase trinta anos a totalidade dos lugares arquitetônicos, todos eles assistidos e vigiados por câmeras que nunca piscam e que desconhecem o sono. Porque o grande olho do abismo sempre me vigiou, tornei-me um elemento vazado e, na condição de elemento vazado, incapaz de erigir qualquer identidade. Homem e identidade se fundam no esquecimento e, assim como um planeta que se soubesse assistido pela proximidade de um buraco negro deixaria de poder persistir no sonho da sua planetidade, assim também o planeta que fui, o planeta-Gombro, fez todas as viagens em estado de dilaceramento contínuo e isso não só na viagem para Brasília, quando pela primeira vez escutei uma palavra-de-destino, mas antes e depois e em todas as viagens, incluída aquela já mencionada, para os EUA, onde me dirigi a fim de aperfeiçoar o idioma inglês e aumentar a extensão do meu exército de saber e de experiência para obter uma vaga na Escola Politécnica, viagem na qual a máxima recordação, a recordação propriamente encantada e proustiana, recorda uma visita à universidade de Berkeley, onde, extasiado, fiquei observando um homem ruivo de dois metros de altura com uma camiseta negra onde estava escrito: "Black holes are out of sight". Esse homem, como percebi, estava rodeado de alunos com cara-de-gênio e esses alunos com cara-de-gênio escutavam piamente o imenso professor com óculos e cabelos einsteinianos de um verdadeiro hipergênio e eu, tendo me aproximado e tendo-os rodeado por mais de trinta minutos com todos os pelos ouriçados, notei que eles falavam precisamente de supercordas e de buracos negros, e eu já era então o sonho secreto de tornar-me astrofísico e de poder conversar com o enigma do buraco negro e era nisso que eu pensava quando a figura-pai buscou-me no aeroporto e ia dirigindo o carro em alta velocidade pela rodovia Anhanguera e eu, com o rosto cheio de espinhas, pensava em como eu iria tornar-me um astrofísico se eu era um idiota que não compreendia os caracteres matemáticos e era necessário ser muito inteligente no trato dos caracteres matemáticos para entender o buraco negro. E eu pensava nisso e isso me trazia uma dor imensa e uma dúvida atroz e eu jamais teria descoberto do que me falavam essa dor e essa dúvida se o carro da figura-pai tivesse capotado e se espatifado no quilômetro 76 da rodovia Anhanguera. Vale dizer que se eu tivesse morrido no 76 da Anhanguera eu teria levado comigo uma dor monstruosa, uma dor jamais desembrulhada e, então, nessa hipótese, a opacidade do meu rosto adolescente teria desaparecido sem que tivessem podido chegar à luz o testemunho e a narrativa da minha passagem. Por isso, esta autobiografia enquanto heterotanatografia não é mais do que o instante da celebração intensa onde abro a caixa-preta da minha vida inteira a fim de dizer a senha que me foi confiada. E foram, portanto, necessárias duas décadas para que eu estivesse em condições de desmascarar a astrofísica e suas tentativas de compreender o buraco negro. Os astrofísicos são seres assombrados e maravilhosos que viajam sozinhos pelos estranhos mares do pensamento, mas eles esquecem que não é preciso ir tão longe para investigar o buraco negro, pois o buraco negro está debaixo de nossos pés, está aqui, agora, furando meu peito com seu vento terrível e, nessa condição, ele constitui a nossa máxima intimidade. E justamente agora, quando a ciência atinge os confins do microcosmo e do macrocosmo, justamente agora que ela toca o fim das coisas, descobrindo caos e indeterminação por toda parte, torna-se claro que ela não passava de um elástico incessantemente esticado e tensionado cujo ponto inicial permaneceu invariável sem nunca ter saído do lugar. Justamente agora que ela atinge o seu próprio fim, descobrindo no macrocosmo entidades autodevorantes e no microcosmo aquilo que está aqui e simultaneamente não está aqui, torna-se nítido e evidente que o pedaço elidido do observador, sua "loucura congênita", reaparece, agora, num terremoto de proporções gigantescas e, ainda que de um lado do telescópio esteja uma galáxia longínqua, do outro estará um pequeno pedaço de corpo humano chamado olho. E é por isso que sempre penso nas terríveis depressões de Stephen Hawking, depressões que acompanham sua busca pela equação fundamental que estava dentro da cabeça de Deus; as depressões de Stephen Hawking jamais terminarão, pois onde há ainda um fiapo de corpo humano não haverá poder algum e nisso ele, Stephen Hawking, foi precedido não só pelo maravilhoso Isaac Newton, mas já pelos Padres da Igreja, que, ao escreverem imensos tomos teológicos, viam suas crises de fé aumentarem na mesma proporção em que escreviam. Mas este ainda não é o momento adequado para acertar as contas com o pensamento científico: o pensamento científico é filho da inteligência e a estupidez da inteligência consiste no eterno adiamento da verdade e, por isso, logo que conversamos com o umbigo-do-físico e não com o intelecto-do-físico, percebemos que o intelecto-do-físico é apenas a pequena corda onde ele se dependurou a fim de construir perguntas potencialmente respondíveis e toda essa construção não é mais do que o testemunho e a reminiscência do instante fatal em que a criança assombrada, a criança no umbigo-do-físico, trocou o território aberto do arrebatamento pela proteção da província fechada do intelecto. E esse é propriamente o momento letal em que a criança se extravia na direção da argamassa-mundo, pois a verdade do intelecto enquanto verdade do que se conhece, e do que se calcula, contém uma antiverdade na medida em que a verdade como verdade é um arrebatamento incontrolável.

Mas eu ainda não sabia nada disso quando, com o rosto cheio de espinhas, voltava para São Paulo no interior do carro da figura-pai e, enquanto o carro deslizava pela estrada, eu olhava meu rosto na janela refletora do veículo, e eu contorcia esse mesmo rosto e eu fazia caretas e apalpava as espinhas e, ainda que eu estivesse situado no interior do carro da entidade-pai, era, na verdade, do exterior e de fora do carro que eu sentia e via tudo aquilo que estava se passando no interior do carro conduzido pela figura-pai. E mesmo que eu deitasse ou fechasse os olhos no interior do carro, era da margem e do canteiro da estrada, ali, onde sempre floresce a ramagem selvagem e de onde olham o mendigo e o cão agonizante, que eu persistia perguntando: "E o que é o carro? e para onde vai esse carro? e quem é o menino da espinha contorcendo o rosto? e, sobretudo, qual é o modo de vida no planeta onde o menino é obrigado a contorcer o rosto?" E essas perguntas, na condição de perguntas capitais e de perguntas contínuas, persistiram sempre e o tempo todo, e o tempo todo eu prossegui contorcendo o rosto e as palavras em todos os lugares, e em todos os lugares não houve lugar algum e não houve careta alguma que me convencesse, nem figura alguma que grudasse no rosto da dor e da pergunta e, ainda que eu tenha tentado o tempo todo e o tempo inteiro imitar aqueles que encontrei e dependurar-me nalguma identidade a fim de conquistar cidadania no lado de dentro do mundo, eu jamais alcancei cidadania no lado de dentro do mundo e isso durou até a idade de trinta e quatro anos, quando, finalmente, na noite do evento, do evento de doze dias atrás, quando, tendo entrado no meu quarto e tendo constatado que meu quarto era um quarto-estético e um quarto-apenas-para-ver-e-para--olhar, eu destruí, então, esse mesmo quarto, e eu o converti num quarto-para-escrever e num quarto onde eu pudesse escrever uma verdadeira filosofia da vida, uma filosofia que mostrasse cada palavra e cada conceito na experiência e no gesto que os geraram; então, nessa noite, enquanto noite--ápice do meu acontecer, tendo aberto um furo na parede do quarto e tendo visto a estrela pontiaguda dançar no abismo negro da noite, percebi, finalmente, que o caminho do mundo não era separável do caminho da morte, e que o abismo e a casa se pertenciam mutuamente num êxtase contínuo; então, nessa noite, fui visitado pela criança que fui e eu compreendi que a criança fascinada que fui manteve-se sempre hirta na abundância do pressentimento e que seu lugar tinha um nome e já não me custa dizê-lo: iminência do acontecimento. E, às vezes, quando a tensão do pressentido explodia, o corpo (imensamente solitário, imensamente autístico) era varrido pelo estremecimento. Sim, pois quem teria sido eu senão o teorema estranho e maravilhoso que me percorreu? Ao atravessar o longo canteiro de relva que dava para a praia, eu saltava os cacos brilhantes e punha os pés sobre as pedras escuras. Avistando o mar, compreendia que seria necessário cegar os meus olhos a fim de suportar a intensidade do idioma desconhecido. E foi na área concentrada do terrorismo da beleza que erigiu-se o meu primeiro rosto.

> [Texto lido na Faculdade de Psicologia da PUC-SP (28 mai. 2001), no CAPS-Itapeva (10 ago. 2001) e na Faculdade de Direito da Universidade de São Paulo (USP) (2 set. 2001), entre outros lugares.]

dezesseis aforismos

A morte canta-me ao fundo.
É um canto absoluto.
— HERBERTO HELDER

Sopra um vento terrível.
É apenas um pequeno buraco no meu peito.
— HENRI MICHAUX

Atração dos antípodas

Na noite de uma dor que nunca passa, vou até a praça e a velha árvore me olha: ela, a fincada no lugar, e eu, o animal arisco-do-lugar-nenhum.

Lucidez

Sinto que passei minha vida dentro de um trem que jamais parou. Da janela, solitário, vi muitos lugares ensolarados e cidades escondidas onde desejei saltar e me deter. Mas eu nunca pude: quando nasci, havia no meu berço uma serpente negra e a primeira coisa que vi coincidiu com a derradeira.

Poema do amor consumado I

Tendo morado na dor do não-acontecido e tendo visto os casais de mentira vagarem pela orla de uma praia cujas ondas jamais quebravam, pude compreender que só poderia desaparecer na areia de todos os fins se tivesse alcançado a condição de espuma.

Poema do amor consumado II

Um janeiro grifado pelo sol, a viagem incessante refaz o calendário. A floresta se fecha atrás de mim. Cumprimento um cão felpudo, o país enfim visitado.

Poema da vida consumada

Quero morrer sozinho ao lado de um córrego, de um córrego de nome estranho, de um córrego de nome córrego. Quero morrer sozinho e que um abutre leve meus olhos e algum animal, as vísceras. Quero morrer tão completamente que a minha vida, mera mímesis de uma ordem fria, alcance o esquecimento último no qual o córrego seja restituído ao córrego.

Serpente enrolada

Minha primeira dor começou na soletração do alfabeto – e ela se estende até o dia de hoje.
    Minha última dor começou quando caiu o véu do teu mistério – e ela se estende até o dia do meu começo.

Lugares

Eu vim de muito longe, mas teu corpo acolheu a mendicância e disse sim ao universo da fome que era o meu. Da janela do teu quarto vi, todos os dias, a árvore e o jasmim... e quando você me perguntou por que eu tive de partir, expliquei que meu coração era uma pergunta e meu esqueleto, inquietação.

Conjugação

Desde pequeno, temi a sombra amorosa e, quando me arrumaram uma namorada, fugi cheio de medo. É que eu já sabia que o amor é uma visitação na qual despedida e cumprimento se conjugam para melhor rememorar a imensidão do nosso exílio.

Segredo de um amor I

Eu andei com você pela cidade e eu nomeei os lugares e a vida-sonho de cada rosto que cruzamos. E você se assustou com a intensidade dessa extensão vazia, se assustou ao ver que o homem ao teu lado não tinha lugar nem nome, e era na dor que ele colhia a palavra do poema.

(Como amar o habitante do país do exílio?)

Segredo de um amor II

Para ganhar o amor de uma mulher eu imitei o homem coberto e o homem pendurado. Estudei todos os sistemas e dominei as artimanhas do satanismo da luz. Empenhei-me na "magia negra da sensualidade" e na feitiçaria do erotismo... Um dia, exausto, eu precisei partir.

Eu cruzei doze cidades, sempre olhando as casas pelo lado de fora e espantado porque do rosto dos homens havia sumido o encanto.

Foi só na última cidade que notei a mulher ao meu lado e vi que a mulher na mulher amava o exilado.

(E foi essa a única revelação que me nutriu.)

Poema cerebral III
Desconstrução da medicina

Continuarás olhando o teu umbigo e ele continuará sendo apenas mais um ponto de interrogação. Continuarás olhando essa ferida azul no teu corpo e ela continuará sendo apenas uma emissária do enigma. E o nome que deram para isso que chamam de doença continuará sendo apenas um nome furado.

AIDS: anagrama de dias. Dias, tempo que temos para declarar nosso nome.

Jardim

Eu quis cruzar o umbral do exílio e atravessar o portão que dava para o roseiral...

Um dia, entre a chuva intermitente e a alcateia dos pesadelos, notei três espinhos no meu corpo, e eles me disseram: "Você nos colheu ao caminhar pelo jardim. Nós te vimos bem no centro. Você estava soprado pelos quatro ventos".

Quase poema
Aforismo vertical antipsíquico

Nasci das costas de um asteroide e, mesmo que a Via Láctea descesse até meu corpo, não poderia esquecer-me da lenta transmigração que antecedeu o primeiro nascimento. Meu litígio com o homem-caracol e a sua companheira, a "ciência-psicológica", reside na constatação de que a maravilha do abismo é ele prescindir de qualquer porto. Se vejo no homem-sistema-solar-interno apenas um dorminhoco anestesiado, é porque sei que astros e objetos, mesmo reais e externos, são apenas fagulhas de uma sublevação hesitante e derrotada.

Homeless

Passava a tarde no pátio dos inválidos com o olho grudado na escuridão da serra e no movimento das formigas. Vasculhado pelo temperamento, formulou a pedagogia do obscuro, e adotado pelo vira-latas, tocou a casca grossa das árvores.

Gnose

Haverá um dia, uma tarde de verão? Um equinócio ou conjuminação astral? Algum acaso da sorte (ao roçar uma árvore ou a lombada de um cão) em que eu reveja meu rosto anterior ao nascimento?

Convalescido

Ganhei uma casa na latitude do poema e um corpo sanguíneo de leopardo. Quando acordo respiro o cume de uma montanha e a velha asma ficou na casa antiga.

natalidade
e crise do tempo
antropológico

Não cortem o cordão que liga o corpo à criança do sonho,
o cordão astral à criança aldebarã, não cortem
o sangue, o ouro. A raiz da floração
coalhada com o laço
no centro das madeiras
negras. [...]
Não talhem a placenta por onde o fôlego
do mundo lhe ascende à cabeça.
— HERBERTO HELDER

Eu é um outro.
— RIMBAUD

Certa vez Kafka escreveu o seguinte: "É este o problema: há muitos anos, estando de ânimo baixo, sentei-me um dia numa encosta do Laurenziberg. Passei em revista todos os desejos que gostaria de realizar na vida. Descobri que o mais importante, ou o mais agradável, seria o de ter chegado à compreensão do sentido da existência (e – isto estava forçosamente ligado a ele – de poder transmiti-lo aos outros por escrito), demonstrando que a vida, ainda que mantendo sua ascensão e seu declínio naturais, deveria ser ao mesmo tempo, e não menos claramente, entendida como um nada, um sonho, uma obscura flutuação no espaço...". Kafka morreu em 1923, aos quarenta e um anos de idade, e eu sempre fiquei pensando no que teria acontecido a ele caso tivesse sobrevivido mais alguns anos e tivesse podido ler *Ser e tempo*, de Heidegger. Digo isso porque, nessa obra, Heidegger oferece uma descrição da condição humana bastante próxima do que é dito nas linhas de Kafka, a saber, que nossa existência não é redutível ao elemento vivo; que ela é uma relação com o nada e sobre ele flutua num espaço sem raiz. Foi mesmo a partir da leitura de Heidegger e desse trecho de Kafka que me veio a imagem de uma teia de aranha na noite como uma imagem-síntese do acontecer existencial do homem. Ela guarda com rigor a precariedade e a fragilidade de um ente suspenso no abismo da noite, bem como o lugar encontrado para não despencar. A relação com a noite fala de uma singularização negativa que é universal e implica todos nós aqui, agora, e em outras culturas. A singularização positiva diz de como cada um de nós dependurou-se nalgum lugar a fim de afastar a constante e permanente falta de lugar. Esse segundo momento diz respeito à singularização positiva, pois, ainda que todos lidemos com a impossibilidade e com a falta de lugar, as possibilitações e os lugares que encontramos são singulares e dizem de um devir-fulano e de um devir-sicrano.

O analista ou terapeuta, tal como eu o vejo, está interessado nesse movimento da singularização positiva, isto é, está interessado em descobrir e em revelar o lugar onde o paciente plantou sua inquietude. Descobrir o lugar onde plantamos nossa inquietude, ou melhor, onde cada um de nós plantou a inquietude, é estar atento às experiências-fundantes. Experiências-fundantes são os acontecimentos-cruciais portadores da instanteação da abertura. Pensado rigorosamente, o próprio termo "experiência" não é um termo adequado, pois ele supõe que já haja alguém capaz de experimentar algo, quando, na verdade, estamos ainda numa hora anterior, numa hora vaga-lume que é a antecâmara de alguém. Não se trata ainda de alguém, mas da transição eclosiva do ninguém ao alguém. A psicologia e o modo metafísico comum de pensar não podem entender essa passagem porque, desconhecendo a negatividade e a linha da fronteira, pensam apenas experiências, mas não os acontecimentos-marcas que operam a alquimia da passagem entre o Fora e o Dentro em sentido não metafísico. Para sentir-pensar os acontecimentos-híbridos da chegada ao mundo, é preciso ter se educado na fome da revelação de um rosto e na dor e no júbilo que isso acarreta. O terapeuta ou analista é aquele cujo olhar-escuta está em condições de sintonizar e de "enxergar" os acontecimentos fundantes inerentes à constelação da Natalidade. E Natalidade se diz aqui com "n" maiúsculo para esclarecer que não se trata de natalidade cronológica, mas da mais íntima duração existencial de cada um de nós. Natalidade diz do que é, do que foi e do que será no espaço transiente de nosso entre nascimento e morte. A Natalidade não diz das experiências possíveis, mas do âmbito em que elas se dão. Natalidade não são as águas moventes do rio, mas a constância do leito onde elas passam. O analista é aquele cuja visão nos relembra o leito. É um ver diferente, pois o paciente desconhece as possibilitações originárias que o lançaram e não tem notícia da constelação natal que o arremessou junto aos outros e aos entes de um determinado modo. Tudo isso está encoberto. Há no homem um duplo esquecimento e um duplo encobrimento. Não apenas o nada e a impossibilidade são esquecidos, mas também o nascimento ontológico e a eventualização da passagem. A normatividade impessoal encarregou-se já dessa dupla alienação. O homem normalizado do impessoal desconhece que é habitado por essa dupla alteridade e compete ao terapeuta-analista, situado no lugar vivo-morto, lugar estranho e instável entre o impossível e a eclosão do lance, relembrar ao paciente o que lhe é próprio, restituí-lo ao leito. Trabalho ético da amizade e jamais trabalho de competência teórico-técnica. O olho técnico só enxerga na luz e só produz ofuscamento. É um olho-escuta que já pensa saber tudo, antes mesmo de começar a ver e a escutar o outro. O amigo, ao contrário, trabalha na sombra e, protegido pela ignorância, é ainda capaz de testemunhar e acolher as notícias e as indicações oriundas da constelação natal. Essa capacidade não é magia nem intuição. Ela é algo dado desde que se ocupe o lugar mais simples, o lugar humano quando o humano não está esquecido nem enfiado na ilusão. A dificuldade do simples não reside em nenhuma complicação teórica, mas é um assunto existencial concernente ao poder viver na instabilidade. Essa é a única dificuldade do simples, e ela é uma questão pessoal para a qual faculdades de psicologia e instituições psicanalíticas nada têm a ensinar. As instituições e os seus porta-vozes, os homens-do-instituído, sempre chamarão de magia e de misticismo tudo aquilo que eles não conseguem compreender. O terapeuta, na condição daquele que vê, é quem nos auxilia a passar da autobiografia, enquanto escrita ilusória do "eu" a partir da interpretação pública da vida e do mundo, para a heterotanatografia, enquanto escrita do outro a partir da morte. Essa outrificação é o "si-mesmo-próprio" e ela designa o movimento do "tornar-se aquilo que se é" mostrado por Nietzsche em sua obra e retomado, em certa medida, por Heidegger em *Ser e tempo*.[1] É apenas a partir dessa outrificação que podemos

---

[1] Heidegger em *Ser e tempo* pensa apenas a singularização negativa. A singularização positiva, ainda que compreendida claramente por ele, não foi desenvolvida de modo explícito e temático, pois é um assunto existenciário concernente a cada um de nós singularmente. Por isso, as análises do ser-para-a-morte próprio não são complementadas com análises do que seria um ser-para-o-início próprio: a experiência da incorporação do nascimento e da retomada (*Wiederholung*) recordativa da constelação natal que asseguram ao *Dasein* sua "estabilidade estendida" (§ 75) são nomeadas apenas em breves passagens. Qual é o afeto portador do testemunho existenciário onde um homem encontra o lugar de seu destino (*Schicksal*)? Heidegger nos diz muito pouco sobre a alegria e o júbilo da singularização positiva. Segundo minha tese, *Ser e tempo* pensa

pensar a constância e a íntima duração existencial do si-mesmo no entre do nascimento-e-morte.

Elias Canetti, que em todo o seu percurso pensou o tema do si-mesmo e da singularização positiva, escreveu:

> A pergunta, a terrível pergunta: um homem realmente se transforma?
>
> No *Banquete*, Platão responde afirmativamente como se tivesse acabado de ler Heráclito. Os homens portam durante toda vida o mesmo nome, diz ele, e eles são outros, tudo neles e dentro deles é sempre diferente.
>
> Não acredito nisso, não estou absolutamente certo disso. Sei onde sou o mesmo que sempre fui. É difícil até mesmo ver onde se é diferente.

A questão da dignidade e da legitimidade ontológica do nome e da conversão do anonimato impessoal em nome próprio é a questão da acolhida da alteridade em nós. Tornamo-nos quem já somos quando relembramos as saudações natais do Dentro. O "agora" dessa rememoração é o que chamo de segundo nascimento ou amigamento do leito. Nesse "agora", o homem é capaz de soletrar as próprias datas e dizer o lugar de onde vem. Trata-se de um dizer inesgotado e inesgotável,

---

a máscara (o impessoal) e o nada, deixando de lado o rosto e o espaço da manifestação do rosto. Assim como não há nessa obra palavras para o poeta, não há também para aquele que mora na "alethosfera" e existe à luz da própria natalidade. Isso, entretanto, não é uma falha de Heidegger, pois, para desenvolver esses temas, ele teria de abandonar a "filosofia" e converter-se num analista.

um dizer eminentemente antifilosófico e somente o poético pode portar o "saber psicanalítico" concernente ao "sopro das origens". E, mais uma vez, cumpre lembrar que não se pensa a origem em sentido cronológico, mas como o perdurante. Perdurante é o lugar onde plantamos a inquietude. Esse lugar não é nenhuma reedição de um fundamento metafísico ou substancial. Esse lugar é o sopro do arremesso que somos e pensá-lo ao modo do meramente dado é tentar situar-se fora dele (arremesso), o que constitui a íntima tentação da metafísica. O lance-arremesso é o que perdura na travessia até a morte, e o lugar a partir do qual se desdobra nosso acontecer não pacifica nem aquieta, pois nenhum homem morre suficientemente velho a ponto de, numa só vida, ter desdobrado todas as suas dobras (Michaux). O dizer ético do analista é aquele que, ao traduzir o dito para o revelado no dito, aponta sempre na direção do sopro e não na de uma medida pública. O sopro oriundo do lugar persiste até o fim biológico, pois o lugar é atravessado pelo nada de tal maneira que não há pacificação da turbulência nalgum pretenso domingo ontológico. O dizer do analista não domestica a turbulência, apenas favorece o amigamento do lugar. Esse amigamento não cria nem inventa nada, simplesmente acolhe o ofertado na constelação natal, de tal modo que a liberdade, diferentemente da sua ilusória imagem moderna, é apenas a guarda do necessário. Tanto mais um homem é livre quanto mais ele existe a reboque do sopro da eclosão presentificante, a reboque do necessário. O discurso moderno e o dito pós-moderno da criação e da autoinvenção humanas atêm-se unicamente às vivências, e o fundamento escondido do primado das vivências e dos choques (W. Benjamin) na alta modernidade é a questão da tecnificação da própria natalidade e da conversão do humano em não-nascido; em mero artefato disponível para o funcionamento da máquina-mundo.

Já nos anos 1910 e 1920, Max Weber notava que o homem moderno só podia morrer cansado pois ele, ao longo de sua vida, já não tinha mais condições para desdobrar os enigmas que esta lhe colocara. Isso significa que a temporalização antropológica do tempo começava a entrar em crise, cedendo lugar a um tipo de temporalização alheia ao humano. Se o tempo humano implica uma ligação constante com a ausência e a eclosão da marca (eventualização), o tempo tecnocientífico fecha-se para esse elemento da transcendência ek-stática e se fixa única e exclusivamente na dimensão da presença, conhecendo apenas o ek-stase caído das atualizações. Vale dizer que o avanço da modernidade realiza uma profanação do tempo antropológico, exilando o homem na mera duração cronológica. O homem se exila no atual, na pura atualidade do presente caído, e perde a relação com a pulsação e com a duração existencial. Nesta hora, a humanidade começa a deslizar na direção de um "Movimento Falso" (P. Handke), pois, confinada no atual, só pode embriagar-se de progresso e o progresso enquanto melhora das condições atuais apenas aprofunda o aprisionamento no mesmo. A vida humana perde o sentido, pois se desamiga do enraizamento no leito, e, doravante, privado de marcas, o homem se dependura apenas nas vivências e no contágio do instantâneo, perdendo, assim, a dignidade ontológica do próprio nome.

No tempo em que Max Weber redigiu suas considerações, esses dois modos de temporalização conviviam e o segundo ainda não tinha invadido todos os nichos do acontecer humano.² A modernidade não tinha atingido o seu ápice-acabamento e o modo de sentir-compreender tecnocientífico ainda não era hegemônico nem totalitário. Havia zonas tradicionais resistentes à invasão da "mobilização total" (E. Jünger). A própria constelação familiar enquanto lugar privilegiado da natalidade e da chegada ainda era uma província de resguardo e de relativa alteridade em relação ao mundo. A família ainda não era uma mera célula reprodutiva do sistema-mundo. Vale dizer que o homem (*Dasein*) ainda tinha um lugar ôntico e uma identidade ôntica e, se ele se apropriasse de si mesmo, então ele se apropriava de algo diferente da ordem do mundo, de algum conteúdo particular, pois, para falar metafisicamente, ele ainda tinha alguma particularidade (T. Adorno) e não era mero *ersatz* do universal consumado. Embora a crise do tempo antropológico se acelerasse, o humano ainda podia ser compreendido à luz da finitização da dupla alteridade e ele estava, ainda, em condições de desbancar a impessoalidade pela outrificação no si-mesmo-próprio. Visitado pela angústia e pelo chamado (*Ser e tempo*, § 55-57), ele podia reapropriar-se das marcas da constelação natal e "reintroduzir-se" no contínuo e na íntima duração de um destino singular

---

2 O nascimento da psicanálise pode ser entendido à luz do contexto da dupla temporalização. Freud compreende, em parte, o tempo antropológico, mas pensa a cura psicanalítica a partir do primado da duração cronológica e da boa-ordem-do-tempo-civilizado. Acrescente-se a isso que todas as teorias psicanalíticas enquanto pretensões de esgotar e "dizer teoricamente" a constelação natal fundam-se na vontade de poder e traem o próprio espírito psicanalítico, pois este aponta sempre para o impossível de qualquer teorização.

(idem, § 74-75). Com o avanço da extinção do tempo antropológico, o destino dá lugar ao desvio e, ao recuar para "Fora" na visita da angústia, o homem já não encontra marca alguma que o repita: o homogêneo perdurante de um destino dá lugar ao aleatório do Desvio. Segundo a expressão lapidar de Gottfried Benn, "eu olhava em mim mesmo, mas o que eu via era espantoso, eram dois fenômenos, a sociologia e o vazio". Sem nenhuma marca, onde estaria, agora, o ponto onde o amálgama do tempo se desdobra? Onde então o evento da eclosão de um homem? A partir dos anos 1930, e, mais nitidamente, a partir do final da Segunda Guerra e, no Brasil, a partir dos anos 1950, começou a pipocar esse tipo de pergunta.[3] É a partir de então, quando a espiral do progresso se torna avassaladora, que os nichos mais renitentes se tornam cada vez mais ameaçados e a mobilização total penetra todas as esferas da vida, estendendo-se até mesmo "à criança no berço. Ela está ameaçada como todo mundo e, aliás, ainda mais fortemente" (Jünger, *A mobilização total*).

Quando a armação tecnológica invade a própria província familiar enquanto lugar da natalidade, então desaparece a possibilidade de qualquer contato humano. Um contato humano real depende de um lugar opaco e insaturado onde o recém-chegado teria sido ao menos sonhado por alguém e de que os

---

[3] No Brasil, essas questões não foram formuladas. Até onde sei, intelectuais tanto de direita quanto de esquerda estavam hipnotizados com a modernização e o progresso, e jamais questionaram o quadro como um todo. A recepção de Heidegger, da Escola de Frankfurt e outros dá-se a partir dos anos 1960-70, quando tudo isso já virou mero assunto de competência acadêmica.

gestos e as palavras que o saudassem guardassem o inaudito e o inédito daquela chegada. Se os saudadores e os anfitriões são hipermetafísicos e cessou qualquer interpelação do desconhecido, a criança passa inteiramente despercebida: todos estarão de prontidão para o trabalho do parto, para o trabalho da amamentação, para o trabalho do amor, para o trabalho higiênico, para o trabalho do carinho necessário e para o trabalho da educação. O recém-chegado converte-se num nunca-visto, pois a sociedade funcional estendeu seu braço sinistro até o interior dos pais e das mães já, agora, escorregados para dentro da área da mera funcionalidade maquinal. Se os saudadores são incapazes de recuar para aquém do todo e já não sentem a dor ou qualquer nostalgia, nem o pressentimento de que o todo é falso, então é porque eles entronizaram já o próprio universo técnico e se autocompreendem a partir das narrativas da função-mãe e da função-pai. Nessas condições, a chegada é a tal ponto abafada e sufocada pela hipersaturação de gestos e significações prescritas que a criança não encontra mais nenhum acontecimento vaga-lume para se dependurar, nem lugar ou olhar algum que ainda preserve a pulsação da existência. O *Dasein*, que é o tataraneto do último-homem nietzschiano, é cuspido para um aí gelado e teatralizado, e herda uma argamassa hipernomeada e pronta que, enquanto produção pública e universal, nivela e achata toda província natal. Assim, a saudação do Dentro tende a se tornar uma mesma cena padrão na medida em que o grande ministério da realidade, na condição de comunicação e informação universalmente difundidas, agencia a existência de cabo a rabo, incluindo até mesmo os seus começos.

Nessa altura, com a essência humana fixada na mera positividade, não há mais como restituir o tempo humano. O homem continua visitado pela angústia, mas a única resposta que ele pode dar é dependurar-se nas vivências e nos signos sociais: quando a quantidade de entulho jogado nas águas do rio é tão imensa que fecha, por deposição contínua, o próprio acesso ao leito, tudo o que resta é superestimular-se (turismo, sexo, esporte, *workshops* etc.) nas velocidades de uma superfície e leveza rarefeitas. Vivência, eu ainda não defini o termo, é uma espécie de alcoolismo existencial. Na vivência, o vivido está sob o inteiro controle do "eu". Ela (vivência) é posta de antemão dentro de um *script*, e ela visa – "nietzschianamente" – um aumento do poder, uma vez que o pós-vivido, na condição de autorrelato, apenas engorda a identidade metafisicamente determinada. Nessas condições terminais de crise do tempo antropológico, a psicanálise e as terapias tendem a desaparecer, pois desaparece o seu objeto, a saber, o sujeito humano. Que outra história teria o analista para mostrar a não ser a história anti-histórica de uma imensa destituição? Qual é, então, agora, a nossa certeza do agora, a não ser uma sabedoria do nunca?[4]

Como percebeu lucidamente Elias Canetti, "a partir de um certo ponto, a história não era mais real. Sem que se percebesse, toda a humanidade subitamente abandonou a realidade: tudo que aconteceu desde então supostamente não foi verdadeiro;

---

4 Sem a parte da sombra, o acontecer humano fica abortado e a existência se converte em simulacro. Ao homem desta hora, o homem-terminal, já não há mais caminho para trás. Resta-lhe apenas aninhar-se na desolação e descer até o lugar de reconciliação com o fundante, lugar onde lembramos que nosso corpo pertence à terra e nossa palavra ao mistério.

mas nós supostamente não percebemos. Nossa tarefa agora seria encontrar esse ponto, enquanto não o localizarmos, estaremos condenados a mergulhar na nossa destruição presente".

Referências bibliográficas

ADORNO, Theodor W. & HORKHEIMER, Max. *Dialética do esclarecimento*. Rio de Janeiro: Zahar, 1985.
BENJAMIN, Walter. "Experiência e pobreza", in *Magia e técnica, arte e política*. São Paulo: Brasiliense, 1987.
___. "O narrador", in *Magia e técnica, arte e política*. São Paulo: Brasiliense, 1987.
___. "Sobre alguns temas em Baudelaire", in *Charles Baudelaire, um lírico no auge do capitalismo*. São Paulo: Brasiliense, 1989.
CANETTI, Elias. *Massa e poder*. São Paulo: Melhoramentos, 1983.
___. *A consciência das palavras*. São Paulo: Companhia das Letras, 1990.
___. *Die Provinz des Menschen*. Munique / Viena: Carl Hanser, 1993.
___. *Nachträge aus Hampstead*. Frankfurt: Fischer, 1999.
DUARTE, André de Macedo. "Autonomia e liberdade: ainda há tempo?" Palestra proferida no Seminário Internacional Autonomia e Liberdade – Centro Cultural Banco do Brasil, Rio de Janeiro (RJ), em setembro de 2001.
HEIDEGGER, Martin. *Sein und Zeit*. Tübingen: Max Niemeyer, 1984 [ed. bras.: *Ser e tempo*, trad. Márcia Sá Cavalcante. Petrópolis: Vozes, 1988].
___. *Língua de tradição e língua técnica*. Lisboa: Vega, 1995.
___. *Nietzsche: Metafísica e niilismo*. Rio de Janeiro: Relume Dumará, 2000.
JÜNGER, Ernst. *L'État universel suivi de la mobilisation totale*. Paris: Gallimard, 1990 [trad. bras.: *A mobilização total*, Vicente Sampaio (não publicada)].

KAFKA, Franz. *Contos, fábulas e aforismos*. Rio de Janeiro: Civilização Brasileira, 1993.

SIMMEL, Georg. *El individuo y la libertad: Ensayo de crítica de la cultura*. Barcelona: Península, 1986.

SLOTERDIJK, Peter. *Essai d'intoxication volontaire*. Paris: Calmann--Lévy, 1999.

VERNIK, Esteban. *El otro Weber*. Buenos Aires: Colihue, 1996.

ser e tempo:
um livro gnóstico?

Na tese de doutorado de Hans Jonas, "A gnose e o espírito da antiguidade tardia", lê-se: "Vimos, como nas sucessivas estações do caminho, ao passar as esferas cósmicas, a alma vai despojando-se de suas vestes mundanas, quer dizer, daquelas partes de si mesma em virtude das quais ela mesma é cósmica (mundana e impregnada de mundo) e que lhe cresceram como algo estranho na descida dos primeiros seres humanos através destas mesmas esferas. Vimos como tudo está organizado para esta futura acosmização (...) e que nela se vê a redenção. Como redimido resta o componente originário e não mundano da alma. Claramente temos aqui o protótipo mitológico de uma possibilidade do ser-aí que em suas entidades substancializadas mostram um possível processo interior de eliminação das referências mundanas e de redução a uma vivência limite a-cósmica."

Se essa jornada da alma na direção de uma experiência de desmundificação radical caracteriza a gnose, em que sentido se pode dizer que também *Ser e tempo* de Heidegger reclama uma experiência a-mundana? Heidegger não ficou famoso por falar do ser-no-mundo? Como então dizer que ele submete o ser humano a uma perspectiva gnóstica de desmundificação?

O leitor iniciante de *Ser e tempo* logo percebe, não sem certo espanto, que o velho arsenal das faculdades que nos abriram o acesso ao mundo (percepção, intuição, intelecto) está ausente. Heidegger não menciona faculdades inferiores ou superiores. Não fala da sensibilidade e não há nenhuma escada cognitiva que faça passar de um primeiro momento mais obscuro e confuso (sensibilidade) a outros mais elaborados (intelecto). Não se trata também de rearranjar a dinâmica das faculdades e a sua combinatória. Isto é, se pensarmos no dualismo sensação / intelecto, não cabe apenas assumi-lo invertendo a sua ordem hierárquica afirmando, por exemplo, que o que se julga mais confuso é, na verdade, mais rico porque a sensibilidade já conteria uma "inteligibilidade nascente", como faz Merleau Ponty. Não. O que se busca é deixar de lado o dualismo tradicional sensação / intelecto e mostrar como o acesso originário aos entes se dá por um novo caminho insuspeitado e não tematizado pela filosofia até então.

Que caminho é esse? Abandonar o primado da percepção, do ver perceptivo, não constitui um absurdo? Como encontrar os entes e acessar a realidade senão pela mediação de nossos sentidos? E, dentre eles, não foi sempre o olhar o mais celebrado, precisamente por ser aquele que permite melhor descortinar a realidade e melhor discriminar os entes segundo o seu aspecto? O Livro I da *Metafísica* de Aristóteles começa com o elogio do olhar: "Todos os homens têm, por natureza, desejo de conhecer: uma prova disso é o prazer das sensações, pois, fora até da sua utilidade, elas nos agradam por si mesmas, e mais que todas as outras, as visuais. Com efeito, não só para agir, mas até quando não nos propomos operar coisa alguma, preferimos, por assim dizer, a vista aos demais. A razão é que ela é, de todos os sentidos, o que melhor nos faz conhecer as coisas e mais diferenças nos descobre". Contra essa opinião do primado do olhar – uma opinião de vinte e cinco séculos! – *Ser e tempo* vai falar de um ver que não é um ver perceptivo. Contra essa ideia de matriz grega de um olhar que contempla entes meramente dados ou simplesmente subsistentes – uma espécie de ontologia sossegada! –, Heidegger introduz a ideia de um acesso instrumental aos entes. É a famosa crítica da ontologia da coisa e à ideia de que é o juízo que abre o acesso ao ente, de que sua descoberta é a exposição num discurso tipo S é P. Heidegger deixa para trás toda uma série de imagens metafísicas do homem-vidente e do mundo como sistema de coisas e itens, em nome do *dasein* agente-compreensor e do mundo como sistema de tarefas, afinal, se o velho espectador apenas discernia as propriedades de algo real, agora o *dasein* envolvido e expectante se apropria de instrumentos, pois já compreendeu ali um sentido e articulou uma possibilidade.

Uma das consequências da noção de instrumentalidade (*Zuhandenheit*) é a superação da questão tradicional do conhecimento. Quando se pergunta a maneira como se dá a instauração do comércio gnosiológico (sujeito/mundo, espírito/real etc.), encobre-se o "fato" de que esse comércio já aconteceu e que o ente intramundano já está descoberto. Isso significa que eu não pré-subsisto encapsulado em minha natureza específica até o momento em que se abra alguma janela na consciência. Não. Eu já estou sempre lá fora, junto aos entes, e é só na medida desse comércio acontecido que eu mesmo posso ser. Se o ente intramundano já está descoberto-desvelado é porque deve vigorar alguma espécie de luz. De que luminosidade se trata? Posto que não é nenhuma luz ocular (dos sentidos), nenhuma luz divina ou racional, trata-se, tão somente, da luminosidade do sentido (da significação). Vale dizer que há uma cena significativa, uma trama cujo fio me é familiar (um sistema de remissões) e ao qual este ou aquele ente pertence ou não pertence, cabe ou excede, tem lugar ou exorbita.

Se um aborígene australiano se deparasse, no deserto, com um telefone celular, subtraída a hipótese de que ele fizesse daquilo um uso qualquer e insuspeitado (projetar possibilidades para o ente), diríamos que ele encontrou algo absurdo. O telefone excede a rede conformativa do seu mundo, não pertence ao conjunto das remissões que o aborígene entende. Mas algo só excede se pensamos numa relação: é só sobre a base de um mundo como conjunto de significações que um ente particular pode ter ou não sentido. O absurdo ratifica que o sentido já vigora e que um certo mundo aconteceu – ele não é ausência de sentido, mas contra-sentido sob a base do sentido acontecido. Essa base é o mundo na acepção existencial, um lugar iluminado a partir do qual o ente pode ganhar um ser. Aí, nesse lugar, o ente é. Está descoberto: foi compreendido e apropriado em função de uma rede de significatividade que, segundo Heidegger, constitui a própria estrutura do mundo. "Em todo instrumento, o mundo já está aí" (Heidegger, §18, *Ser e tempo*). Seria, então, o mundo, esse lugar iluminado onde acontece o sentido, finalmente a província última em que estaríamos assentados? Seria o mundo assim compreendido na acepção existencial, o alfa e o ômega, o continente último do nosso existir, o lugar onde conheço minha verdadeira fisionomia? E a resposta é não. Eu só sei quem sou no júbilo de uma experiência de desmundificação! O mundo, esse espaço aberto e por nós ocupado, essa cena legível e iluminada, na qual o sentido se disseminou e eu me localizei como sendo alguém assim ou assado, tudo isso encobre quem realmente sou. Fixar-me aí equivaleria a um enfeitiçamento. É apenas quando a significatividade quebra e se retira (§40, *Ser e tempo*), quando rigorosamente já não posso encontrar nenhum ente (nem instrumento, nem eu mesmo), que o mundo se mostra como mundo e que emerge o quem do *dasein*. Eu não pertenço ao sentido e ao mundo. Transbordo e ultrapasso toda e qualquer determinação mundana. Pertenço ao aquém e ao além-mundo. A experiência heideggeriana que revela o quem do *dasein* equivale à vivência limite a-cósmica do gnóstico. A antropologia gnóstica "ensina que o eu interior do ser humano, o pneuma ("espírito", em oposição à "alma" = psyche) não é parte do mundo, não pertence à criação e ao domínio da natureza, mas que dentro deste mundo ele (o pneuma) é tão transcendente e tão impossível de ser conhecido em categorias mundanas como sua contrapartida extramundana, o Deus desconhecido" (JONAS, 2004, p. 239).

Neste sentido, pode-se dizer que Heidegger pregou uma peça nos daseinanalistas e nos terapeutas mundanos que trabalham com as noções de aumento ou de encurtamento do poder-ser intramundano. Se o Heidegger de *Ser e tempo* é um gnóstico – como sustentou o seu aluno de doutorado Jonas, mas também Karl Jaspers, Hans Blumenberg e Sloterdijk em várias ocasiões (e, entre nós, Zjeliko Loparic no final dos anos 1980) –, a terapia heideggeriana deveria consistir em refazer o itinerário e o périplo da queda e da inserção-absorção no mundo até a redenção jubilosa da liberdade a-cósmica, ou, em termos heideggerianos, até a liberdade abissal da negatividade originária. Desmundanizar o paciente é convertê-lo em centelha e trazê-lo ao cerne do êxtase místico (IDEM, p. 248), *A gnose e o espírito da antiguidade tardia*. Uma terapia heideggeriana baseada em *Ser e tempo* consistiria em trazer o paciente até onde se apaga a referencialização mundana e ele sente a "salvação", isto é, a desessencialização gnóstica do ser no mundo. Uma experiência de sentir a pulsação viva do vazio que sou uma vez liberado do entulho do self-mundano.

Uma tal jornada da alma, que na via gnóstica consiste em tornar-se estranho ao cosmos e destacar-se do mundo – o mundo deve ser ultrapassado! –, pode ser comparada, em *Ser e tempo*, ao percurso de desfazer os encobrimentos e esquecimentos que nos enfiam cada vez mais fundo no mundo. Saímos das figuras mais endurecidas e esquecidas da temporalização do tempo, isto é, furamos como uma britadeira ou um líquido alquímico dissolvente, primeiro a estação do eterno e da substancialidade, depois furamos o tempo linear dos agoras, e depois, ainda, furamos o homem mundano cotidiano que responde "quem é, onde está e que horas são" em termos da tensão da vida diária e não a partir da insipidez da cronologia e dos agoras. Esse homem do cotidiano de Heidegger também é furável e ultrapassável na medida em que não é de carne e osso e envelhece, como o de Miguel de Unamuno, o que o encerraria na natureza, mas alguém que se move em estruturas de significação. Ele habita o mundo em virtude da luz da compreensão. Não se encerra na luz do sentido, pois o movimento de iluminar e de abrir-mundo também é feito por ele – diríamos pelo ele pneumático. Aquém ou além do sentido existe a pulsação e a intensidade sem sentido do abrir-mundo. Roberto Juarroz escreveu que "talvez o único sentido seja a intensidade sem sentido" e é esse o ponto da des-mundanização a que Heidegger conduz. Ultrapassa-se assim o aparente mundanismo do homem cotidiano, pois, mais originário que ele é a finitização do *dasein* nele. Assim como o pneuma dos gnósticos não se diz em categorias mundanas, o *dasein* também excede o mundo, pois para abri-lo deve transitar e movimentar-se aquém dele (movimento maior do cuidado e da temporalidade originária).

Cabe aqui citar a famosa passagem de Jonas: "Nesta concepção de uma existência transessencial que se autoesboça livremente, eu vejo alguma coisa que se pode comparar ao conceito gnóstico da negatividade trans-psíquica do pneuma não-mundano. O que não tem natureza não tem norma, só o que pertence a uma ordem das naturezas – por exemplo a uma ordem de criações – é que possui uma natureza. Só onde existe um todo é que existe uma lei. Na concepção depreciativa dos gnósticos isso se aplica à psyche, que pertence ao todo cósmico. O pneumático, porém, como não pertence a nenhuma ordem, está acima da lei, além do bem e do mal, sendo lei para si próprio na força do seu conhecer" (JONAS, 2004, p. 248).

Quando Heidegger substitui o animal humano pelo existente – o *dasein* é definido pela sua relação com o nada, a antecipação existencial da possibilidade de não mais estar-aí –, esse encurtamento hermenêutico na expressão de Ernildo Stein recalca o nome de Charles Darwin e libera o humano da natureza e da submissão a um domínio de legalidade forte. Não mais natureza humana, mas "situações humanas" sempre frágeis e historiais. O mencionado encurtamento hermenêutico assegura a historicização radical da essência do *dasein* e abre o caminho também já assentado por Nietzsche para a vontade de desconstrução e de genealogias na filosofia francesa do pós-guerra.

Como lembra Jonas, a própria dimensão do presente em Heidegger não oferece nenhuma permanência ou sossego. O presente é o instante de iluminação do aí a partir da temporalidade extática. Ele é pensado sempre no quadro dessa movimentação originária, como se o *dasein* fosse um farol ou um fósforo que acende ou eclode a partir do nada, mas a chegada ao presente não significa o adentrar uma região de sossego ou demora.[5] Quando esse presente esquece o contexto da mobilidade inicial, a ambivalência alética do não que doa a iluminação, o que sobra é o presente esquecido, que, privado da relação com o futuro e o passado originários, redunda "em queda, no palavreado, na curiosidade, no impessoal".

Penso que o fascínio que *Ser e tempo* exerce sobre muitos de seus leitores tem a ver com o núcleo gnóstico da obra. Pessoas oprimidas e esmagadas pelo mundo, adaptadas e submissas, roubadas de gesto próprio e sem-lugar, encontram, na experiência de desmundificação de si e de desreferencialização radical de contextos mundanos, uma espécie de antecâmara para um novo gesto possível. Experimentar-se como um núcleo vazio vivo permite uma segunda chance de ocupar o

---

5 "Na realidade fala-se muito sobre o 'presente' existencial, mas não como uma dimensão independente com direito próprio. Pois o presente existencialmente "autêntico" é o presente da "situação", que é constituída inteiramente através da relação com o futuro e com o passado. Ele refulge à luz da decisão, quando o projeto do futuro regressa ao passado dado (ao ser lançado), neste dando origem ao "presente" – que por sua vez é um produto dos outros dois êxtases temporais, uma função de seu incessante dinamismo, e não uma dimensão própria da permanência." (JONAS, 2004, p. 249)

mundo! Sentir-se pneumaticamente é aliar-se a um aquém ou além-mundo que dissolve feito um líquido alquímico corrosivo, o self falso adquirido na chegada ao mundo. Na experiência gnóstica de desmundanização há uma exaltação na qual a pessoa se experimenta como divina. *Ser e tempo*, nesse mesmo sentido, apresenta o *dasein* como uma espécie de rei no reinado da finitude. O mundo é vencido pela pulsação originária enquanto os mundanos são os atrofiados no esquecimento. Há uma espécie de transvaloração radical na qual os seres mundificados são vistos como objetificados e destituídos de pulsação, quase substâncias necrosadas diante de vaga-lumes poéticos.

É óbvio que se Heidegger é um pensador dessa inicialidade transiente da iluminação, se é um pensador do movimento originário, ele terá dificuldades para explicitar o ser-em e as espacialidades existenciais mundanas. Esse é o ponto em que a esferologia sloterdijkiana completa Heidegger. Um pensador do movimento tem dificuldade de pensar a instalação no mundo: "Seu pensamento originário ou o que vem a ser quase sua proeza é o salto ou o lançar-se em uma circunstância na qual não encontra, nem em si mesma nem sob seus pés, outra coisa a não ser mobilidade. No seu caso, a cinética precede a lógica ou, se se permite o giro paradoxal, o movimento é seu fundamento. O impulso de sua palavra é expressar a mobilidade, ou melhor, alcançar, com a palavra-movimento, a mobilidade verdadeira e inevitável" (Sloterdijk). Enfim, como poderia um ser-do-limite, da borda e do extremo, pensar o enraizamento, a determinação mundana e situações estáveis de inclusividade?

Nesse poema escrito para Hannah Arendt, revela-se o amor de Heidegger pela inicialidade:

A MOÇA QUE VEIO DE LONGE

A estrangeiridade,
que a ti mesma é estranha,
é:
Serrania do encanto,
Mar da dor.
Deserto da ânsia,
Luz primeira de uma chegada.
Estrangeiro: pátria daquele olhar único,
Que dá início a um mundo.
Começo é sacrifício.
Sacrifício é a fornalha da fidelidade,
Que ainda intensamente
Arde as cinzas de todo incêndio e –
Queima:
Brasa da suavidade,
Aparência de tranquilidade.
Pequena amiga do estrangeiro, Tu –
Mora no começo!

Pensar a inicialidade é estar posicionado na diferença. Quem pensa bem a diferença tem dificuldade de pensar a instalação no mundo. O olhar do movimento, o olhar que descortina a agoridade do agora, é cego e tendencioso em relação aos relaxados e sossegados que se identificam com o mundo. Marina Tsvetáieva conta em seus diários que nas raras vezes que entrou em salas com muitas pessoas, ela imediatamente percebia que só ela estava acordada enquanto todos os outros dormiam. Em Heidegger também não há identificação positiva com o mundo. Há retração e recuo e o *dasein* se descobre a si mesmo morrendo, isto é, cindido e diferido entre um aqui um lá. Estou aqui mas já atravessado pela ausência, concernido pela morte e interpelado pelo inesgotável negativo. Essa fratura rasga o *dasein* sem nenhuma chance de síntese. Estou aqui mas não sou daqui! Quanto mais cindido melhor! Como anotou o gnóstico lisboeta Fernando Pessoa no *Livro do desassossego*, "sentir aqui o frio de ali". Estou aqui mas sou de lá. Estou nesta estalagem mas já escuto as rodas da diligência do abismo que vão me levar. Estou rasgado: sou um hóspede aqui mas não desfaço as malas aqui, pois meu endereço é o aquém e o além-mundo. "Eu sou um signo sem interpretação. Eu quase perdi a língua no país estrangeiro." Frases como essa de Hölderlin seriam normais numa cultura gnóstica. E frases como "eu sou o psicanalista e me chamo Bernardo" soariam heterodoxas e heréticas.

—

A "Heterotanatografia: esse-menino-aí", narra a jubilosa experiência de desmundificação de Gombro. Na chegada ao mundo, ele acolhe a positividade tóxica do desencontro e é obrigado a se constituir, não a partir de um gesto expansivo, mas de adaptação ao alheio e pronto. Gombro se submete ao que está dado e é invadido pelo peso de elementos exógenos. Ele vaga perdido por um planeta onde nada lhe diz respeito, exceto a luz emitida por uma cadela e as ondas do mar. Mas o extravio prepara a incandescência de uma virada. A aliança com a negatividade assegura que Gombro é diferente de tudo que o massacrou e, protegido pela diferença, lança seu grito de raiva contra todo o mundano. No êxtase desmundificante, a palavra gnóstica vence o positivo e descortina a pulsação pneumática. Gombro vence o entulho que o soterrou. Resta saber, na medida em que não há caminho para o colo de deus fora do mundo, se a inclusão benigna de Gombro no interior do nada – este segundo nascimento – garante um desdobrar de si no mundo longe do primeiro estranhamento? E a resposta é sim. O aninhar-se de Gombro na negatividade neutraliza os efeitos da positividade envenenada que o destruiu e cria o espaço para o novo lançamento. Neste sentido, a hospitalidade do vazio[6] é uma inclusividade alternativa e dela emerge um primeiro sorriso no rosto até então desfigurado. Onde havia suspeita e estranhamento aparece a confiança: "Vai, Gombro, vai conhecer o mundo, quem sabe ele guarda algo promissor... Quem sabe, algo além do nada vai falar ao teu coração".

No texto "Natalidade e crise do tempo antropológico", publicado neste mesmo livro, defendi que a positividade tóxica era a própria modernidade. Gombro seria, assim, um caso típico de um garoto adoecido pela racionalidade técnica. Se esta tese de matriz heideggeriana e frankfurteana fosse verdadeira, não existiriam mais crianças alegres e vivas no mundo. Todas encontrariam aliados vazios, desumanizados, tecnificados e nasceriam pela fenda. Há 21 anos eu tentava fazer de Gombro não um caso clínico particular de luta pelo self,

---

[6] Onde mais aprendi o vocabulário da antropologia e da psicologia gnóstica foi no excelente texto do Sloterdijk, o terceiro capítulo do livro *Pós-Deus*, intitulado "A verdadeira heresia: a gnose – Sobre a religião mundial da ausência do mundo".

mas um caso crítico epocal de espera da revolução e de virada para o ser. Desse modo, quanto pior a descrição do mundo encontrado por Gombro, tanto melhor para a chance da virada. Passadas duas décadas, o que posso dizer é que Gombro não adoeceu da modernidade e da técnica. O problema dele não era a metafísica ocidental ou a razão instrumental. Sabemos, pelo caso de Kafka, o quanto uma família funcional pode jogar a criança num "estranhamento terrível"[7] e é óbvio que há inúmeros tipos de família em nosso tempo, e na maioria delas, os adultos estão disponíveis para a proximidade e o cuidado nos jogos de ressonância. Os psicóticos, os gnósticos, os nascidos pela fenda são minorias, que, em tese, podem ser reanimadas e reaquecidas em estufas winnicottianas de atenção e construções esferológicas. O texto "Natalidade e crise do tempo antropológico" soa para mim hoje como uma caricatura intelectual de alguém que pouco sabia sobre o cuidado e os modos como os seres humanos se tornam quem são. Ao relê-lo hoje, sinto que seu autor queria fazer coro com o mantra acadêmico do "mal-estar no contemporâneo". Longe de mim negar os grandes problemas que enfrentamos na atualidade, problemas que já sentimos na pele e na respiração, mas a preguiça mental e a repetição de certos clichês da eterna crítica pouco contribuem para trazer alguma esperança ou ideia nova.

---

[7] A biografia de Kafka redigida por Reiner Stach, p. 130, mostra isso muito bem.

Referências bibliográficas

ARISTÓTELES. *Metafísica*, Livro I. In Os Pensadores. São Paulo: Abril Cultural, 1979.

CORDUA, C. *Sloterdijk y Heidegger: la recepción filosófica*. Santiago, Chile: Ediciones Universidad Diego Portales, 2008.

HEIDEGGER, M. *History of the concept of time*. Bloomington, Indiana: Indiana University Press, 1992.

HEIDEGGER, M. *Introdução à filosofia*. São Paulo: Martins Fontes, 2008.

HEIDEGGER, M. *Ser e tempo*. Petrópolis, Rio de Janeiro: Editora Vozes, 2020.

JONAS, H. *La gnosis y el espíritu de la antigüedad tardía: de la mitología a la filosofia mística*. València: Institució Alfons El Magnànim, 2000.

JONAS, H. *O princípio vida: fundamentos para uma biologia filosófica*. Petrópolis, Rio de Janeiro: Editora Vozes, 2004.

JUARROZ, R. *Decimocuarta poesía vertical: fragmentos verticales*. Buenos Aires: Emecé Editores, 1997.

LOPARIC, Z. *Heidegger réu: um ensaio sobre a periculosidade da filosofia*. Campinas: Papirus, 1990.

SLOTERDIJK, P. *Pós-Deus*. Petrópolis, Rio de Janeiro: Editora Vozes, 2019.

STACH, R. *Kafka: Os anos decisivos*. São Paulo: Todavia, 2022.

STEIN, E. *Seis estudos sobre Ser e Tempo*. Petrópolis: Editora Vozes, 1988.

TSVETÁIEVA, M. *Vivendo sob o fogo*. São Paulo: Martins Fontes, 2008.

posfácio
da tetralogia

o trem, o entre
e o *paradiso* terrestre

Estamos hoje, quase todos nós, confinados dentro de um trem que corre para a frente em velocidade cada vez mais acelerada e vertiginosa. Impossível procurar pelo maquinista a fim de controlar o curso ou deliberar acerca da rota do trem. Nos últimos cinquenta anos, já não há mais maquinista e o trem avança sozinho como um míssil de alcance ilimitado. Afirmar que a meta desse trem é encontrar a explosão e a catástrofe "reais" encobre a experiência mais sutil e mais decisiva de que a catástrofe já se instalou, pois o brilho e o rosto da intensidade humana já não podem florescer nem circular na ambiência e na arquitetura das cabines situadas no interior do trem. O homem que compreendeu a raiz da sua dor após ter sofrido em si mesmo e em seu próprio corpo o apagamento do brilho e a aniquilação da intensidade torna-se uma espécie de artista e, quer ele escreva, quer ele não escreva, a simplicidade de sua tarefa se resume em transitar no interior do trem e, em todas as cabines e compartimentos, perguntar a cada um que encontra: "Você não tem saudade de ir para o lugar fora do trem?" "De quão longe você vem?" "Quando você era ainda uma criança, em que espaço estava?" "Você não gostaria de rememorar como eram as coisas antes do ponto de embarque?" Estas quatro perguntas-gêmeas abrigam toda a "força" da arte e são perguntas proferidas na direção contrária à da multidão de artistas que apenas decoram as cabines do trem com imagens mortas e textos competentes. Uma primeira coisa, portanto, protege o abrigo da arte: a potência do estranhamento. Nela o interior do trem é experimentado como exílio e falta de lugar, pois a dor própria ao estranhamento comunica ao homem que ele não pertence ao espaço medido e saturado do interior do trem. O estranhamento é um afeto de passagem e o seu "não" para os compartimentos do trem retém, incubado, o "sim" para uma outra pertença, a do lugar aberto e destituído de medida onde a jovialidade e a celebração podem acontecer. O culto ao estranhamento, hoje tão em moda nos meios psicanalíticos e acadêmicos, prende numa moldura a turbulência do negativo, impedindo que ele realize sua tarefa até o fim, pois, como já disse, o estranhamento é passagem, é desejo de partir, e, uma vez experimentado até o fundo, rasga a argamassa metálica do trem e nos coloca sentados no formigueiro da incandescência, no cometa onde a criança enlouquece de lucidez. E é precisamente nalgum rasgo ou buraco do trem, entre a terra redimida e o mundo instituído, que mora o escritor contemporâneo: ele é o mediador com cabeça de Jano. Se um olho olha para dentro desse trem que começa a sair do solo na direção da imortalidade biológica e da conquista cósmica, o outro olho, o da nuca, olha para o pedaço de praia onde uma criança acaba de levantar os braços indagando a aparição de um caranguejo. Dizer o que vê e o que sente – estando dilacerado entre a criança-habitante (jamais a criança inventada da psicologia e da psicanálise!), a criança-visitada de poucas palavras e o adulto atual, preenchido de palavras por todos os lados, mesmo porque, plantado direto no logos e já destituído de qualquer experiência – tal é, a meu ver, a tarefa e a posição do escritor atual. Posição ambígua e difícil a do espião de umbral. Para dar uma ideia dessa posição, é necessário imaginar um alfandegário da última fronteira e formular-lhe a seguinte pergunta: "Mas como é que passam por aqui os que aqui passam?" E ele responderia: "Passam sempre conduzidos pela dor, pois os que vêm do aberto, quando precisam circular no trem, têm de vestir uma máscara que os impede de respirar, e os normalizados-do-trem, quando se dirigem para o simples, têm de deixar no vagão todo o uniforme da sua identidade. Eles só passam para lá nus". O escritor, como esse alfandegário no país derradeiro, é aquele que está em condições de conversar tanto com o poeta obscuro, que só tem o olho da nuca, quanto com o homem sentado no compartimento, homem cujo gesto e cujo corpo já mimetizaram a blindagem do trem e cujo olho, hipnotizado, olha apenas para a frente. Ele, o escritor, é o que tenta fazer a mediação entre dois idiomas intraduzíveis; daí o caráter trágico da sua situação. Quando ele senta no compartimento do trem, munido de sua máscara respiratória, que bem pode ser o rótulo e a identidade imaginária de escritor, então ele o faz para cutucar o companheiro de cadeira e para indagá-lo: "Ei, moço, ei, senhor, mas como pode ser tão grande o apelo desse trem? O senhor não está percebendo que está incômodo por aqui?" Se até os anos 1920 ou 1930 (tempo de Robert Walser, de Kafka ou de Pessoa) o trem era ainda uma locomotiva, uma espécie de maria-fumaça com algum espaço nas cabines, a partir dos anos 1950 (Gombrowicz, Bernhard, Imre Kertész e Handke) ele começa a se transformar num trem-bala e tudo em seu interior vai se comprimindo num incesto gigantesco, de tal modo que a dor se agudiza e o estranhamento dá lugar ao pavor e ao horror. Se o pavor ainda não é experimentado com toda a transparência pelo homem no compartimento, é porque o seu olho-de-trás dorme e está atrofiado. Aumentá-lo e acordá-lo é a tarefa da arte: cabe a ela conversar com a nostalgia e o pressentimento adormecidos no homem. Se ela pode fazer isso, é porque é mensageira; porque sua palavra, ainda que proferida no interior do trem, foi colhida alhures, no lugar sem arranjos onde a única medida é a amizade pelas coisas e pelos outros. Esse lugar não é o produto de uma imaginação utópica, mas para onde somos arrastados sempre e quando o regime da aparência dá lugar à vibração do surgimento.

Os quatro livros que publiquei não são mais do que o relato-recolhimento de uma experiência de passagem. Não há neles criação nem imaginação. Apenas escrevi no papel o que antes se inscreveu em mim. Penso que um texto pode se tornar texto se ele é a expressão e o idioma íntimo do destino de seu autor. Se, ao contrário, o autor "buscou um tema" ou "teve diante de si um objeto", então ele já estava fora da possibilidade de um conhecimento efetivo. *Sabedoria do nunca*, o primeiro livro da tetralogia, é uma síntese dos diários que escrevi de 1983 até 1994. Neles ruminei minha falta de lugar e a oscilação dolorosa entre o desejo de pertencer ao trem e o terror de um dia fazer parte dele. Eram o estranhamento e a dor uma doença psiquiátrico-psicológica ou delatavam o caráter claustrofóbico das cabines? Impedido de ultrapassar essa indecisão, o livro afirma a dor, o negativo e o suicídio como os abrigos diante do ofuscamento do trem. O segundo livro, *Ignorância do sempre*, é um livro de transição. Nele a dor já não noticia o fracasso em obter lugar nos assentos do trem, mas começa a aparecer como a protetora e a guardiã do olho da nuca. No terceiro livro, *Certeza do agora*, o olho da nuca já está bem aberto, já olhou para dentro da dimensão real e é a partir de lá que desmascara e ultrapassa o regime que vigora nos compartimentos. Ali já não há mais dúvida: o homem sem o olho de trás é um títere do trem e a vida nos compartimentos é apenas a execução de um roteiro predisposto pela própria organização do trem, organização essa que destrói e bloqueia o surgimento do rosto humano.

Já o quarto livro, *Instabilidade perpétua*, encerra a tetralogia e dá início a um pensar onto-topológico testemunhal no qual o trem, o entre e o *paradiso* terrestre começam a aparecer como lugares de transição e de passagem com poéticas e semânticas específicas. Após esse quarto e último livro o autor perdeu a digital da inocência e já não conversa com flores enferrujadas. Apesar da pupila pressentir o vermelho, o olho da nuca volta-se para o trem e os seus passageiros com mais benevolência.

Outras referências

ADORNO, Theodor. *Notas de literatura*. Rio de Janeiro: Tempo Brasileiro, 1991.

___. *Minima moralia*. São Paulo: Ática, 1992.

AKHMÁTOVA, Anna. *Poesia*. Porto Alegre: L&PM, 1991.

BAUDRILLARD, Jean. *A transparência do mal: Ensaios sobre os fenômenos extremos*. Campinas: Papirus, 1992.

___. *A sociedade de consumo*. Lisboa: Edições 70, 1995.

BERNHARD, Thomas. *Trevas*. Lisboa: Hiena, 1993.

___. *Extinção*. São Paulo: Companhia das Letras, 2000.

BLANCHOT, Maurice. *La risa de los dioses*. Madri: Taurus, 1976.
___. *L'Espace littéraire*. Paris: Gallimard, 1988.
___. *L'Entretien infini*. Paris: Gallimard, 1992.
CELAN, Paul. *Sete rosas mais tarde*. Lisboa: Cotovia, 1993.
___. *Arte poética: O meridiano e outros textos*. Lisboa: Cotovia, 1996.
___. *Cristal*. São Paulo: Iluminuras, 1999.
CIORAN, E. M. *Précis de décomposition*. Paris: Gallimard, 1987 [ed. bras.: *Breviário de decomposição*, trad. José Thomaz Brum. Rio de Janeiro: Rocco, 1995].
___. *De l'Inconvénient d'être né*. Paris: Gallimard, 1990.
___. *La Tentation d'exister*. Paris: Gallimard, 1995.
DELEUZE, Gilles. *Crítica e clínica*. São Paulo: Editora 34, 1997.
___. & PARNET, Claire. *Diálogos*. São Paulo: Escuta, 1998.
___. & GUATTARI, Félix. *Mil platôs*, v. I. Rio de Janeiro: Editora 34, 1995.
___. *O que é filosofia?* Rio de Janeiro: Editora 34, 1997.
DOSTOIÉVSKI, Fiódor. *Notas do subterrâneo*. Rio de Janeiro: Civilização Brasileira, 1986.
GOMBROWICZ, Witold. *Journal Paris Berlin*. Paris: Christian Bourgois, 1968.
___. *Ferdydurke*. Buenos Aires: Sudamericana, 1983.
___. *Peregrinaciones argentinas*. Madri: Alianza Editorial, 1987.
___. *Testamento*. Barcelona: Anagrama, 1991.
HAAR, Michel. *Heidegger e a essência do homem*. Lisboa: Instituto Piaget, [s. d.].
HEIDEGGER, Martin. "Logos e Alétheia", in *Pré-Socráticos*. Coleção Os Pensadores. São Paulo: Abril Cultural, 1978.
___. "O fim da filosofia e a tarefa do pensamento", in *Heidegger*. Coleção Os Pensadores. São Paulo: Abril Cultural, 1979.
___. "Sobre o 'humanismo", in *Heidegger*. Coleção Os Pensadores. São Paulo: Abril Cultural, 1979.

___. *La proposición del fundamento*. Barcelona: Odós, 1991.
___. *Qu'appelle-t-on Penser?* Paris: PUF, 1992.
___. *Caminos de bosque*. Madri: Alianza Editorial, 2000.
___. *Heráclito*. Rio de Janeiro: Relume Dumará, 2000.
HELDER, Herberto. *Photomaton & Vox*. Lisboa: Assírio & Alvim, 1987.
___. *Os passos em volta*. Lisboa: Assírio & Alvim, 1997.
HODGE, Joanna. *Heidegger e a ética*. Lisboa: Instituto Piaget, [s. d.].
HÖLDERLIN, Friedrich. *Poemas*. Coimbra: Atlântida, 1959.
___. *Oeuvres*. Paris: Gallimard, 1967.
___. *Oeuvres Elegias*. Lisboa: Assírio & Alvim, 1992.
JUARROZ, Roberto. *Decimocuarta poesía vertical: Fragmentos verticales*. Buenos Aires: Emecé, 1997.
___. *Poesía vertical 1983/1993*. Buenos Aires: Emecé, 1997.
JÜNGER, Ernst. *Der Arbeiter: Herrschaft und Gestalt*. Stuttgart: Cotta's Bibliothek der Moderne, 1981.
___. *Eumeswil*. Rio de Janeiro: Guanabara, 1987.
___. *O problema de Aladino*. Lisboa: Cotovia, 1989.
KAFKA, Franz. *Das Urteil*. Frankfurt: Fischer Taschenbuch, 1989.
___. *O veredicto / Na colônia penal*. São Paulo: Companhia das Letras, 1998.
___. *Um artista da fome / A construção*. São Paulo: Companhia das Letras, 1998.
MARCUSE, Herbert. *A ideologia da sociedade industrial*. Rio de Janeiro: Zahar, 1979.
MICHAUX, Henri. *Épreuves, exorcismes: 1940-1944*. Paris: Gallimard, 1973.
MUSIL, Robert. *O jovem Törless*. Rio de Janeiro: Nova Fronteira, 1981.
___. *L'Homme sans qualités*, v. I e II. Paris: Seuil, 1995.
NIETZSCHE, Friedrich. *Poemas*. Coimbra: Centelha, 1986.
___. *Além do bem e do mal*. São Paulo: Companhia das Letras, 1992.

___. *Ecce homo: Como alguém se torna o que é*. São Paulo: Companhia das Letras, 1995.
___. *Así hablo Zaratustra*. Madri: Alianza Editorial, 1999 [ed. bras.: *Assim falou Zaratustra*, trad. Paulo César de Souza. São Paulo: Companhia das Letras, 2011].
___. *O Anticristo*. Lisboa: Edições 70, [s. d.].
PESSOA, Fernando. *Livro do desassossego*, v. I e II. Campinas: Editora da Unicamp, 1994.
___. *Correspondência: 1905-1922*. Lisboa: Assírio & Alvim, 1999.
SCHULZ, Bruno. *Sanatório*. Rio de Janeiro: Imago, 1994.
SHÜRMANN, Reiner. *Heidegger on Being and Acting: From Principles to Anarchy*. Bloomington: Indiana University Press, 1990.
SLOTERDIJK, Peter. M*obilização copernicana e desarmamento ptolomaico*. Rio de Janeiro: Tempo Brasileiro, 1992.
___. *Extrañamiento del mundo*. Valência: Pre-Textos, 1998.
___. *Regras para o parque humano*. São Paulo: Estação Liberdade, 2000.

Dados Internacionais de Catalogação na Publicação (CIP)
de acordo com ISBD

P475c
    Pessanha, Juliano Garcia
    Certeza do agora / Juliano Garcia Pessanha
    São Paulo: Editora Nós, 2023
    112 pp.

ISBN: 978-65-85832-08-3

1. Literatura brasileira   2. Romance   I. Título

2023-3119   CDD 869.89923   CDU 821.134.3(81)-31

Elaborado por Vagner Rodolfo da Silva, CRB-8/9410

Índice para catálogo sistemático:
1. Literatura brasileira: Romance 869.89923
2. Literatura brasileira: Romance 821.134.3(81)-31

© Editora Nós, 2023

direção editorial **Simone Paulino**
coordenação editorial **Renata de Sá**
edição **Schneider Carpeggiani**
assistente editorial **Gabriel Paulino**
revisão **Alex Sens**
projeto gráfico **Bloco Gráfico**
assistente de design **Lívia Takemura**
produção gráfica **Marina Ambrasas**
coordenação comercial **Orlando Rafael Prado**
assistente comercial **Ligia Carla de Oliveira**
assistente de marketing **Mariana Amâncio de Souza**
assistente administrativa **Camila Miranda Pereira**

imagem de capa **Luísa Matsushita**
Cabeça quente [Hot headed], 2023, 80 × 60 cm, óleo sobre linho. Foto: Edouard Fraipont

Texto atualizado segundo o novo Acordo Ortográfico da Língua Portuguesa

Todos os direitos desta edição reservados à Editora Nós
Rua Purpurina, 198, cj 21, Vila Madalena,
São Paulo, SP | CEP 05435-030
www.editoranos.com.br

fontes **Karmina, Regular**
papel **Pólen natural 80 g/m²**
impressão **Margraf**